S. 1362.
8

augus. de S.t aubin inv. et Sculp. 1757

CATALOGUE

RAISONNÉ

DES Minéraux, Criſtalliſations, Cailloux, Jaſpes, Agates arboriſées, Pierres fines, montées & non montées, Pierres gravées, Tabatieres, Montres & autres Bijoux; Pieces de Méchanique & de Phyſique, Cabinet de Pharmacie, Figures & Vaſes de terre cuite; Porcelaines, & autres Effets Curieux de la Succeſſion de M. SAVALETE DE BUCHELAY, Gentilhomme Ordinaire du Roi, & l'un des Fermiers Généraux de SA MAJESTÉ.

Cette Vente ſe fera le Lundi 25 Juin & jours ſuivans, trois heures de relevée, ſans interruption, rue S. Honoré, dans la maiſon de M. DE MAGNENVILLE, au Tréſor Royal.

PAR PIERRE REMY.

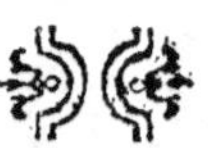

A PARIS,

Chez DIDOT, l'aîné, Libraire & Imprimeur, rue Pavée, la premiere Porte-cochere, en entrant par le Quai des Auguſtins.

M. DCC. LXIV.

TABLE

Des Objets contenus dans ce Catalogue.

Fin de la Table.

CATAL.

AVERTISSEMENT.

Quoique le Cabinet de M. Savalete de Buchelay , que
j'annonce au Public, soit très con-
nu , quoiqu'il ait une grande réputation , & que l'on sache en général qu'il a été ramassé avec beaucoup de goût & de dépense , mal-
gré cela je crois qu'il est nécessaire
de dire quels sont les objets qui
le composent.

Bien des gens ne le connoissent
que de réputation , & parmi les
Curieux qui l'auront vû, chacun
n'aura remarqué que les matieres
qui étoient dans son goût ; c'est
du moins ce qui arrive ordinaire-
ment.

Il est encore nécessaire que l'on
sache que j'ai pris toutes les pré-
cautions possibles pour ne point
démembrer & diviser les matieres,
dont le mérite essentiel est la réu-
nion des objets qui mettent sous

les yeux des Amateurs les principes & les conféquences : par exem-
ple, l'on avoit ramaffé avec foin
tout ce qui pouvoit avoir rapport
au foufre, les différentes formes
fous lefquelles on le trouve dans
les Mines, les différens états par
lefquels on le fait paffer pour le
mettre en ufage, enfin fes différens emplois. Je mettrai cet article fous un même numéro.

Cependant il y a des matieres
qu'il ne m'a pas été poffible d'an-
noncer fous un même numéro : le
nombre des morceaux auroit été
trop confidérable, parcequ'on a
ramaffé dans différens Pays tout
ce qui avoit rapport à la même
matiere, ou qui pouvoit offrir
quelque variété effentielle : on fait
qu'une pareille Collection a pû
être portée fort loin.

Si je l'avois mife toute entiere
fous un même numéro, fans la
divifer, ce numéro feroit devenu
trop cher pour être à la portée

de chaque Curieux ; tout le monde n'auroit pas pû y prétendre ; je ſerois ſorti de la loi que je me ſuis impoſée & qui me ſervira toujours de regle, qui eſt de chercher également à plaire au Public & à ménager les intérêts qu'on me confie.

En partageant les matieres trop étendues pour être miſes ſous un même numéro, j'ai eu ſoin de mettre de ſuite tous les numéros qui ont rapport à la même matiere, & je n'ai point confondu différentes matieres ſous un même numéro.

Diſons préſentement ce que renferme le Cabinet que j'annonce.

1°. Une ſuite nombreuſe de Minéraux, compoſée de morceaux très bien choiſis. Chaque morceau poſé ſur un pied fait exprès, & ſur ce pied eſt écrit de quelle matiere eſt ce morceau, & de quel pays il eſt tiré.

Cette Collection a été faite avec grand soin, & il est aisé de voir que M. DE BUCHELAY n'étoit pas seulement un curieux admirateur de la nature, mais qu'il vouloit en étudier la marche, & connoître l'utilité que les Arts pouvoient en retirer. Il avoit placé, comme je l'ai déja dit, à la suite de chaque minéral, les opérations de Chymie qui y ont rapport : ces operations ont d'abord été faites & fournies par *M. Rouelle*, un des plus célebres Chymistes du Royaume, & mises ensuite dans un ordre convenable, avec des augmentations par un Maître Apothiquaire de Paris & ancien Apothiquaire Major des Armées du Roi : ainsi on trouvera à la suite de l'or, de l'argent, du cuivre, du fer, de l'étain, &c. tous les procédés qui en dérivent.

On trouvera encore dans ce Cabinet les opérations qui ont rapport aux Regnes végétal & animal.

Les Opérations qui regardent
le regne minéral font renfermées
dans 292 bocaux de criftal bien
conditionnés : 154 bocaux auffi
de criftal, contiennent ce qui a
rapport au regne végétal : enfin
45 autres bocaux de même matiere renferment le regne animal.
Tous ces bocaux font exactement
étiquetés.

Il y en a encore d'autres qui
ont rapport à la Botanique, aux
drogues fimples, à la matiere mé-
dicale ; & parmi ces objets, plufieurs font précieux.

2°. On trouvera dans ce Cabinet
une Suite de criftallifations, dont
la variété eft infinie & les morceaux agréables, foit en *quartz*,
foit en *fpath.*

3°. Beaucoup de Cailloux fciés
& polis, des Jafpes, des Agates
ou fimples, ou avec des Accidens
agréables, des Cornalines, &c.

Je ne dois pas oublier d'aver-
tir que les Agates arborifées font

pour la plûpart d'une grande beauté, soit pour la pâte, soit pour la délicatesse du dessein, soit pour le volume. Plusieurs sont sorties du célebre Cabinet de M. l'Abbé *de Fleury*.

4°. Des Pierres fines de toutes especes, montées & non montées, & toutes ramassées avec connoissance.

5°. Plusieurs Pierres gravées, dont quelques-unes sont d'un travail précieux.

6°. Des Bijoux, comme Montres, Tabatieres d'Agate & de Cailloux différens, &c.

7°. Plusieurs Modeles des Machines qui ont rapport aux forces mouvantes, & de pieces d'Artillerie, travaillés avec soin.

Enfin de très belles Figures & Vases de terre cuite, faites par différens Sculpteuts célebres : des Porcelaines & autres objets de distinction.

TABLE

CATALOGUE

RAISONNÉ

Des Curiosités contenues dans les Cabinets de feu Monsieur Savalete de Buchelay, Gentilhomme Ordinaire du Roi, & l'un des Fermiers Généraux de Sa Majesté.

Mines d'Or & d'Argent.

1. Un bel échantillon de mine d'or du Pérou, de couleur noire.

2. Deux échantillons de mine d'Hongrie, l'une d'or avec argent, l'autre de quartz parfemé de grains d'or.

3. Un petit morceau de mine d'or natif avec du cuivre, & un autre de quartz avec de l'or.

que les vents du Nord forment les plus belles. Les Fondeurs l'appellent coup de feux de l'Orient. Un arbre fondu dans le poulmon d'un veau ; plufieurs morceaux & feuilles de plomb.

153 Vingt-huit bocaux contenant les dif-férens réfultats du plomb ; favoir ,

Effai d'une mine de plomb qui donne quarante par quintal.

Chaux de plomb faite en travaillant le plomb avec le nitre. Il perd fon phlogiftique fans que le nitre s'enflamme.

Chaux de plomb, plomb brûlé , plomb dé-pouillé de fon phlogiftique par l'inflammation avec le foufre.

Plomb uni à l'acide vitriolique en précipitant le plomb diffous dans l'acide nitreux par le Tartre vitriolé.

Chaux de plomb , plomb dépouillé d'une por-tion de fon phlogiftique par la calcination.

Plomb diffous par le vinaigre diftillé , & préci-pité par l'alkali volatil.

Plomb diffous par l'acide nitreux & précipité par l'alkali volatil.

Plomb corné. Plomb diffous par le vinaigre diftillé & précipité par l'acide du fel marin : c'eft un vrai fel neutre , foluble dans l'eau , il y cryftallife.

Plomb réduit du verre de plomb par le phlogif-tique du fer.

Magiftere de plomb : plomb diffous par le vinai-gre diftillé & précipité par l'alkali fixe.

Sucre de Saturne ou de Plomb. Sel neutre formé par l'union du vinaigre diftillé au plomb , & cryftallifé.

Plomb corné cryſtalliſé.

Verre de plomb, ou Chaux de plomb vitrifié
avec du ſable.

Plomb, réduit du verre de plomb par le phlc⸗
giſtique des charbons.

Litharge diſſoute par l'huile d'olive en les fai⸗
ſant bouillir avec l'eau.

Litharge, ou Chaux de plomb vitrifiée.

Minium fondu qui donne une matiere vitreuſe,
ou eſpece de Litharge.

Minium, Chaux de plomb calcinée par la ré⸗
verbération de la flamme.

Minium.

Litharge d'or.

Litharge d'argent.

Blanc de plomb.

Blanc de Ceruſe.

Plomb brûlé.

Maſſicot citrin.

Maſſicot ſurdoré.

Maſſicot jaune.

Maſſicot doré.

Biſmuth.

153 * Vingt morceaux de mine de Biſmuth dans différens marbres, dans
du quartz & autres matieres.

154 Huit bocaux & deux bouteilles,
dans leſquels ſont renfermés les procédés chymiques qui ont rapport au biſmuth, qui ſont ci-après expliqués.

Biſmuth réduit du verre de Biſmuth par le
phlogiſtique des charbons.

Sel neutre formé par l'union de l'acide nitreux
& du bismuth.

Verre de Bismuth. Chaux de Bismuth réduite en
verre par la fusion.

Chaux de Bismuth faite en travaillant le Bismuth avec le nitre ; il perd son phlogistique
sans que le nitre s'enflamme.

Magistere de Bismuth, ou Bismuth dissous par
l'acide nitreux, & précipité par l'eau.

Chaux de Bismuth, on Bismuth dépouillé d'une
partie de son phlogistique par la calcination.

Amalgame de Bismuth, ou Bismuth uni au
mercure.

Bismuth uni au soufre : il forme des aiguilles
comme l'Antimoine.

Bismuth.

Autre Bismuth.

Mines de Mercure & autres.

155 Quatorze morceaux de mines de
mercure de Hongrie, Transilvanie,
du Palatinat, des Deux-Ponrs, Du-
ché de Carniole & Harteinstein. Deux
échantillons de mines de Cinabre, de
Suede & Autriche, & une mine d'arsenic de Sainte-Marie.

156 Les résultats du mercure, du cinabre & de l'arsenic, dans quaranre-
deux bocaux & bouteilles. Savoir :

Huile d'Arsenic, ou Beurre d'Arsenic, acide
du sel marin uni à l'Arsenic : la liqueur qui
surnage sous la forme d'une huile contient
du mercure.

Arsenic fixé par un alkali fixe, en fondant ensemble du nitre & de l'arsenic. L'Arsenic dégage l'acide nitreux & s'unit à l'alkali fixe.

Cinabre. Il s'est formé par l'union du soufre, du mercure sublimé corrosif employé dans la préparation du beurre d'arsenic & de l'orpiment.

Arsenic sublimé.

Encre de sympathie. Arsenic dissous par la chaux vive : c'est une espece de foie qui tient dissous de l'Arsenic.

Realgar, orpiment fondu : par cette fusion l'Arsenic est uni plus intimement au soufre.

Magnes Arsenicalis, vel lapis pirmieson aut de tribus. Arsenic, régale d'antimoine & soufre unis ensemble par la fusion.

Essai d'une mine d'arsenic. Régale d'arsenic sublimé dans le col de la cornue.

Régule d'arsenic remis sous sa forme métallique, en lui unissant du soufre.

Mercure revivifié du cinabre par l'intermede du fer.

Mercure dissous par l'acide nitreux , & crystallisé.

Mercure précipité ou dégagé de l'acide nitreux par l'alkali fixe.

Mercure précipité par l'alkali fixe de la liqueur qui a servi à laver le précipité blanc.

Mercure précipité blanc : mercure dissous par l'acide nitreux & précipité par l'acide marin : ce n'est point un vrai précipité, c'est plutôt un sel neutre crystallisé qui est soluble dans l'eau.

Mercure précipité par l'alkali fixe du sublimé corrosif.

Æthiops minéral, mercure & soufre unis ensemble par la trituration.

Mercure sublimé corrosif fait avec le mercure diffous par l'acide nitreux & le sel marin.

Mercure diffous par l'acide nitreux & précipité par l'acide vitriolique. Il devient jaune en lui appliquant de l'eau bouillante ; c'est le Turbith minéral.

Mercure précipité ou dégagé de l'acide nitreux par l'alkali volatil.

Mercure de vie , ou Poudre d'Algaroth. Régule d'antimoine , précipité du beurre d'antimoine par l'eau ; il contient encore une portion d'acide de sel marin.

Mercure sublimé corrosif fait avec le mercure diffous par l'acide vitriolique & celui du sel marin.

Mercure précipité rouge. Mercure diffous par l'acide nitreux dépouillé par la calcination de la plus grande partie de cet acide nitreux : c'est moins un précipité qu'un sel neutre, qui a le moins d'acide possible.

Mercure sublimé doux. Mercure sublimé corrosif, auquel on a joint du nouveau mercure qui s'est uni à l'acide du sel marin , surabondant dans la sublimation répétée trois fois.

Mercure précipité par l'alkali fixe du lavage du Turbith minéral.

Mercure sublimé corrosif fait avec le mercure diffous dans l'acide nitreux , le vitriol verd & le sel marin.

Turbith minéral , ou sel neutre formé par l'union de l'acide vitriolique au mercure, qui a le moins d'acide possible. Il est presque insoluble.

Mercure précipité par l'alkali volatil du mercure sublimé corrosif.

Mercure précipité blanc sublimé ; il est dans l'état du mercure sublimé doux par la juste

quantité

quantité d'acide du sel marin qu'il contient.

Mercure sublimé corrosif précipité par l'eau de chaux.

Sublimé corrosif cristallisé.

Mercure dissous par l'acide vitriolique concentré & bouillant.

Panacée Mercurielle ; Mercure sublimé doux & re-sublimé neuf fois.

Cinabre artificiel. Mercure & soufre unis ensemble par la sublimation.

Mercure précipité par l'alkali volatil qui a servi à laver le précipité blanc.

Huile d'arsenic. Liqueur qui nage sur le beurre d'arsenic qui contient un peu de mercure.

Arsenic.

Sublimé corrosif.

Æthiops minéral.

Réalgar.

Cinabre artificiel.

Orpin rouge.

Orpin.

Autre Orpin.

157 Quarante-six échantillons de mines de cobalt de Schnéeberg, Annaberg, Espagne, Saxe & autres endroits.

158 Quatorze morceaux de mines d'antimoine de Bohême, Transilvanie, Halsbruck, Brannsdorf & Auvergne.

159 Trente-sept bocaux & bouteilles renfermant les résultats de l'antimoine, qui sont,

Régule d'Antimoine préparé à la maniere ordinaire avec le nitre & le tartre.

Régule d'Antimoine Martial, partie métallique de l'Antimoine dégagée du soufre par l'intermede du fer. Il contient encore un peu de fer.

Scories du régule d'antimoine ordinaire. C'eſt un foie de ſoufre, auquel eſt uni du régule d'antimoine, & qui contient encore du tartre vitriolé, de la chaux d'antimoine & du charbon de tartre.

Régule d'antimoine, réduit du verre d'antimoine par le phlogiſtique des charbons.

Alliage du Régule d'antimoine, du fer & de l'étain, qui eſt très inflammable avec le nitre.

Régule médicamenteux fait avec le régule d'antimoine & le tartre vitriolé. Il eſt ainſi un vrai foie.

Faux foie d'antimoine de *Rullandus*, fait par l'inflammation du nitre & de l'antimoine : il n'attire point l'humidité de l'air, parcequ'il ne contient qu'un peu de vrai foie enveloppé par beaucoup de chaux d'antimoine vitrifié, & un peu de tartre vitriolé.

Régale médicamenteux : c'eſt une eſpece de foie d'antimoine fait avec l'alkali fixe : il n'attire point l'humidité de l'air, à cauſe de la grande quantité d'antimoine qui n'eſt point uni à l'alkali fixe.

Régule d'Antimoine Martial ; il eſt purifié de ſon fer par une nouvelle fuſion, par l'addition d'un peu d'antimoine & de nitre : il a été fondu trois fois avec du nouveau nitre.

Scories du Régule Martial. Soufre de l'antimoine uni au fer.

Cinabre d'Antimoine. Mercure uni au ſoufre de l'Antimoine qu'on a employé avec le mercure ſublimé corroſif à la préparation du

beurre d'Antimoine ; cette union se fait en
même tems que celle du régule d'antimoine
& de l'acide du sel marin.

Safran de métaux retiré par des lotions du faux
foie d'Antimoine : c'est le régule d'Antimoine
privé par l'inflammation avec le nitre d'une
partie de son phlogistique, & réduit dans un
état de verre.

Neige d'Antimoine, ou fleurs du régule d'Antimoine.

Bezoar minéral : partie réguline de l'Antimoine
qui étoit unie à l'acide du sel marin dans le
beurre d'Antimoine : il en a été dégagé par
l'acide nitreux ; c'est une chaux d'Antimoine
semblable à l'Antimoine diaphorétique : l'a-
cide nitreux lui a enlevé son phlogistique.

Antimoine diaphorétique, ou chaux absolue
d'Antimoine, privé de tout phlogistique par
la détonation : on le fait avec l'antimoine
crud & le régule.

Matiere perlée, ou Antimoine diaphorétique
subtil, précipité par un acide de la liqueur
qui a lavé l'Antimoine diaphorétique : elle
étoit unie à l'alkali fixe.

Régule d'Antimoine dissous par l'acide nitreux,
& qui s'est précipité par lui-même à mesure
qu'il a été dissous : c'est une chaux pure telle
que l'Antimoine diaphorétique, qui est privée
de tout son phlogistique.

Chaux d'Antimoine dépouillée par la calcination
du soufre & d'une portion du phlogistique.

Beurre d'Antimoine, régule uni à l'acide du sel
marin ; ils ont passé ensemble dans la distillation.

Foie d'Antimoine fait par la fusion avec deux
parties d'Antimoine & une d'Alkali fixe : il

attire l'humidité de l'air. Cette préparation ne donne point de régule.

Fleurs rouges d'Antimoine : c'est de l'Antimoine sublimé avec le sel ammoniac : dans cette sublimation, il se sépare un peu d'alkali volatil d'avec l'acide du sel ammoniac.

Tartre vitriolé formé par la détonation de l'Antimoine diaphorétique fait avec l'Antimoine crud. On l'a mal appellé nitre antimonial.

Soufre retiré de l'Antimoine, dissous par l'eau régale.

Teinture d'Antimoine faite avec les scories du régule ordinaire d'antimoine : cette teinture contient un peu de foie d'antimoine.

Soufre doré d'Antimoine dégagé de l'alkali fixe auquel il étoit uni dans le foie par un acide, première portion du précipité : il est d'une couleur plus foncée que les autres portions ; il contient plus de partie réguline ; il est plus pesant.

Soufre doré d'Antimoine : seconde portion du précipité, qui est moins foncée, moins pesante & moins réguline que la premiere.

Soufre doré d'Antimoine : c'est la troisieme portion du précipité, moins foncée, moins réguline & moins pesante que la deuxieme.

Soufre doré d'Antimoine, ou quatrieme portion du précipité, moins foncée, moins pesante & moins réguline que la troisieme.

Soufre doré d'Antimoine, ou cinquieme portion du précipité : celui-ci ne contient presque que du soufre pur : ce précipité est très leger & peu coloré.

Soufre grossier d'Antimoine, précipité de la dissolution des scories du régule d'Antimoine ordinaire, par le seul refroidissement.

Verre d'Antimoine. Chaux d'Antimoine réduite en verre par la fusion.

Kermès minéral, Soufre doré grossier d'Antimoine précipité de lui-même de l'Hépar de soufre par la voie humide.

Antimoine.

Foie d'Antimoine.

Régule d'Antimoine.

Régule d'Antimoine Martiale.

Mangalaize.

160 Neuf morceaux de mines de zinc de Scharfenbecg, Freyberg, Georgeufstadt & Berg-gies-Hubel ; plus, des pierres calaminaires de Hongrie, de Bohême & d'Aix la-Chapelle.

161 Les résultats du zinc dans cinq bouteilles, & huit bocaux ainsi qu'il suit :

Fleurs de zinc, ou chaux de zinc élevé par la violence de l'inflammation.

Zinc dissous par l'acide nitreux, & précipité.

Vinaigre distillé uni au zinc & crystallisé.

Chaux de zinc faite par la détonation du zinc avec le nitre.

Amalgame du zinc, ou zinc uni au mercure.

Zinc corné, ou zinc uni à l'acide du sel marin.

Sel neutre formé par l'union de l'acide vitriolique au zinc, ou vitriol blanc.

Amalgame du zinc & du bismuth : ils passent tous deux à travers le chamois avec le mercure.

Amalgame du zinc, ou zinc uni au mercure.

B iij

Chaux de Zinc.
Zinc.
Autre Zinc.
Zinck.

162 Trente-deux masses & morceaux de
différentes pyrites de Sibérie, Freyberg & Halsbruck.

Cette suite, qu'on auroit pu diviser par rapport à la singularité & beauté de plusieurs morceaux, sera vendue
d'un seul article, avec deux bocaux,
contenant,

Du Soufre retiré des Pyrites par la distillation
à feu nud.
Résidu des Pyrites dont on a séparé le soufre
par la distillation : c'est du mars ou fer, &
de la terre non métallique.

163 Suite de pyrites de Freyberg, Wir-
temberg, Halsbruck, Saxe & France,
en quarante-neuf morceaux.

Cristaux.

164 Un gros bloc de cristal de roche
de Madagascar.
165 Une grosse aiguille de cristal de roche brun.
166 Une autre aiguille aussi de cristal
brun.

167 Autre de cristal gris.

168 Une masse de cristal brun & gris à
gros canons.

169 Un joli morceau de petits canons de
cristal gris sur sa matrice.

170 Un gros canon ou aiguille de cristal de roche sur sa matrice, qui porte
beaucoup de petits canons ; ce morceau est agréable.

171 Une forte masse de cristal à gros
canons ; il s'en trouve peu d'aussi considérable.

172 Autre masse de cristal de roche en
aiguille avec sa matrice.

173 Une autre masse à petits canons dis-
tribués agréablement, elle est variée
de cristal jaune & blanc.

174 Masse de cristal blanc à petits canons.

175 Un cristal de roche taillé en poire,
une aiguille de même cristal & deux
autres morceaux dont un de Madagascar.

176 Un pied de bois sur lequel est posé
un petit canon ou aiguille de cristal
de roche, armé en partie de moyenne
pointe d'un côté ; cette production de
nature est singuliere.

177 Une petite masse de cristal avec
fluor & mine de plomb, & une autre

de criſtal de Saxe ſur du fluor.

178 Deux autres maſſes de criſtal, dont une avec de la pyrite.

179 Deux autres de différens criſtaux de Saxe.

180 Deux autres, l'une parſemé de pyrites & de ſpath avec du fluor, & l'autre avec du quartz.

181 Une maſſe de criſtal coloré, & deux de criſtal de roche; l'une eſt à groſſes pointes, & l'autre à petites.

182 Un gros cabochon de criſtal citron, & un joli morceau de criſtal de roche avec pyrites & mines de plomb faux.

183 Deux morceaux de criſtal de roche avec des accidens ſinguliers, & deux autres de criſtal de Saxe avec des pyrites.

184 Quatre *idem*.

185 Cinq agréables morceaux de criſtal de roche de Saxe; trois ſont avec des pointes, les deux autres avec des pyrites.

186 Quatre différens morceaux de criſtal.

187 Un morceau de criſtal de roche, dans lequel il ſe trouve du bois, une maſſe de petites pointes de criſtal de roche, avec une partie de ſa matrice,

& un troisieme morceau avec des pyrites.

188 Sept morceaux de cristal.

189 Un bloc de cristal avec des pyrites ,
un morceau de spath feuilleté , & un
cristal verd-jaunâtre.

190 Un morceau de cristal de Bohême ,
couleur citron , enduit de quartz ; un
autre de Saxe avec de la fausse mine
brillante , ou mica , & du spath avec
du fluor jaunârre.

191 Deux morceaux de spath , l'un gri-
sâtre , l'autre sur du quartz avec de la
pyrite , & un cristal rougeâtre avec du
spath de Saxe.

192 Quatre différens spath de Freyberg.

193 Huit autres de Gersdorf , Hartz , &
Giromagny.

194 Trois spaths d'Espagne , dont un
rouge rempli de hyacinthe fausse.

195 Deux différens morceaux de spath
de Saxe , un de Hartz , qui est couvert
de cristal , & un spath de Geromagny.

196 Un beau fluor verd couvert de cristal , un fluor bleu & verd de Saxe , &
deux autres bleus aussi de Saxe.

197 Un beau morceau de spath cubique
des mines d'argent de Geromagny en
Alzace ; un fluor jaune & bleu , & un

criſtal de roche avec du fluor & de la pyrite : ces deux derniers morceaux viennent de Saxe.

198 Cinq différens fluors de Saxe.

199 Un criſtal ſur du fluor, un criſtal parſemé de fluor, de ſpath & mine de plomb ; un fluor verdâtre & un bleu, avec un peu de pyrites ; plus, un criſtal coloré : en tout cinq morceaux.

200 Un criſtal citron enduit de quartz de Bohême, un morceau de quartz avec du ſpath de Saxe, & un beau & grand morceau de quartz chargé de mine de plomb.

201 Deux grands morceaux, dont un de quartz couvert de ſpath de Freyberg.

202 Cinq différens morceaux de quartz de Saxe.

203 Cinq autres auſſi de Saxe.

203 * Du quartz avec de grands cubes de plomb & de la pyrite ; ce morceau eſt grand & d'une belle apparence.

204 Trois morceaux de quartz de Saxe, dont un avec des pointes.

205 Un criſtal rouge & trois différens morceaux de quartz avec de la pyrite de Saxe.

206 Huit différens morceaux de quartz & criſtaux.

207 Deux morceaux de criſtal coloré, &

un de topases dans du mica.

208 Un cristal coloré , & trois morceaux de topases brutes.

209 Sept différens morceaux de topases
brutes de Bohême , de Zinnevald &
de Saxe.

210 Deux morceaux d'ametiste, dont un
de Wolckenstein.

211 Une plaque d'ametiste polie , &
deux morceaux aussi d'ametiste de
Saxe ; plus trois fluors verd de Saxe.

212 Un très beau & singulier morceau
de cristallisation.

Agates, Cailloux , Jaspes , &c.

213 De petites plaques d'agate & cailloux , taillées en ovales & polies d'un
côté , au nombre de 108 , toutes de
grandeurs égales , & posée chacune
sur un socle de bois , qui a la forme
d'un pupitre.

Cette suite est estimable par rapport à la variété, à la beauté & au
choix des pieces qui la composent.

214 Un morceau d'agate polie d'un
côté ; il est cristallisé & d'une beauté
singuliere, l'on voit des endroits qui
jouent l'opale : un ruban semble re-
gner au pourtour.

215 Autre beau morceau de grande plaque d'agate rubannée , polie des
deux côtés.

216 Autre poli d'un côté.

217 Un morceau d'agate rubanné &
criftallifé , & un couleur de chair,
veiné de blanc avec du criftal. Ce dernier morceau vient de Saxe.

218 Deux différens morceaux d'agate
brute , polis d'un côté.

219 Deux fous-coupes d'agate d'Allemagne , & un petit couvercle auffi
d'agathe.

220 Trois autres pieces , *idem* , variées
d'accidens agréables.

221 Trois autres.

222 Une grande foucoupe d'agate garnie de deux anfes d'argent doré.

223 Trois plaques d'agate d'Allemagne , un morceau d'agate brun rougeâtre de Bohême , & un autre d'a-
gate & améthifte de Lunnerfdorf.

224 Dix morceaux de différentes agates
d'Italie, Lunnerfdorf , Rochliz, Freyberg & Saxe.

225 Une fuite de quinze morceaux de
jafpe de Saxe.

226 Cinq morceaux de jafpe de Freyberg , & deux d'Henneberg.

227 Cinq autres de Bohême , & un

jaspe verd sanguin oriental.

228 Une belle plaque cristallisée , & deux grandes plaques de jaspe , l'une verte , & l'autre jaune rayée de gris & de brun.

229 Cinq morceaux de jaspe rouge , & une boîte platte ; son dessus est cassé.

230 Deux plaques de cristal de roche , l'une ovale & l'autre octogone, & une cuvette ; plus une cuvette de jaspe verd.

231 Un caillou de cornaline de Koeingsbruk , deux morceaux de fausse hyacinthe , & un beau morceau de pierre à rubans , rayée de noir & de blanc , poli d'un côté.

232 Un caillou de Freyberg , nommé pierre de corail , & une plaque de caillou blanc, parsemée de terre , qui contient beaucoup d'argent ; trois autres morceaux contenant des grenats , & une petite boîte remplie de grenats de Bohême.

233 Douze morceaux & plaques de différentes pierres & cailloux.

234 Du cristal coloré renfermé dans trois especes de silex.

235 Trois autres *idem*.

236 Huit cailloux , plusieurs sont polis , dont un très beau, de la riviere de Marienbourg.

237 Un gros caillou, ou pierre à fusil
de France, rempli intérieurement de
mammelons, & trois autres cailloux
cristallisés.

238 Un gros caillou aussi avec des mammelons, & trois autres, dont deux
polis.

239 Treize morceaux de cailloux d'E-
gypte, Italie, Saxe & autres endroits

Marbres, Serpentines & Pierres de touche.

240 Un morceau d'une colonne de porphyre, qui porte vingt-deux lignes de
haut, sur deux pouces de diametre,
& deux morceaux de porphyre de
Saxe.

241 Dix - neuf morceaux & plaques de
granit de France, Auvergne, Normandie & Saxe.

242 Une suite de 130 échantillons de
différens marbres & albâtres; dans ce
nombre il s'en trouve de très anciens
& des plus rares d'Italie; chacun porte
dix-neuf lignes en quarré, & est posé
sur un socle de bois étiqueté.

243 Quarante-sept échantillons de beaux
marbres & albâtres de différentes
grandeurs; ils ne sont pas étiquetés.

244 Quarante-huit morceaux & plaques
de marbres d'Allemagne, Portugal,
Saxe, Suisse & autres Pays étrangers;
le plus grand nombre est étiqueté &
posé sur des socles de bois.

245 Vingt-trois autres morceaux & plaques de marbre de Franche-Comté.

246 Soixante & treize petits carreaux de
serpentine chacun de 25 lignes sur 20.
Ils sont polis d'un côté de même que
les précédens échantillons. Cette suite
est autant agréable qu'elle est estimable.

247 Une pipe de serpentine, un sifflet,
une plaque & un bloc.

248 Sept pierres de touche de Siberie &
autres lieux.

Stalactites, Spaths, Gipses, &c.

249 Une agréable & belle stalactite de
Provence, renfermée dans une cage
de verre, & posée sur un pied de bois.

250 Une autre aussi de Provence; elle a
la forme d'un buisson.

251 Une stalactite d'une beauté singuliere, de 9 pouces 6 lignes de haut.
Ce morceau, qui est pyramidal, semble être posé sur une couche étendue,
d'où sort sur le devant un arbre cristallisé.

252 Trois autres stalactites, dont une de différentes couleurs, avec des veines.

253 Une belle stalactite de Carlsbade, & trois autres.

254 Une stalactite des carrieres d'Argenteuil , & deux autres belles stalactites étrangeres imitant l'agate.

255 Une stalactite de Carlsbade ; elle est veinée & variée de couleurs : plus , trois stalactiques , dont deux de Franche-Comté.

256 Cinq autres stalactites ; il s'en trouve une qui ressemble à de l'albâtre.

257 Plusieurs stalactites & autres morceaux.

258 Une stalagmite de Styrie & quatre autres.

259 Deux gros morceaux de spath calqueux, dont un de Suisse.

260 Sept différens morceaux de spath calcaire de Freyberg.

261 Quatre autres de Hartz ; ils sont variés & agréables.

262 Quatre autres différens morceaux , dont un de Suisse.

263 Trois différentes stalactites.

264 Trois autres stalactites.

265 Sept stalactittes de Hongrie , de Stadt & autres endroits ; plus , une

ſtalactite de Carlſbade , formée dans les eaux minérales. Elle a la forme d'un fruit à noyau & d'une feuille.

266 Neuf autres morceaux.

267 Cinq pierres à chaux , dont une criſtalliſée , & une empreinte de plantes.

268 Huit piſolithes de Hongrie & de Carlſbade.

269 Une ſuite de onze morceaux de gypſe, pierres gypſeuſe & talqueuſe , dont deux de Sileſie & trois de Turinge.

270 Cinq pierres gypſeuſes de l'iſle de France, dans leſquelles il ſe trouve des os pétrifiés.

271 Trois beaux morceaux de talc de Stadt & un de Veniſe.

272 Sept morceaux d'aſbeſte , ou amianthe de Siberie , Zocbliz & Hongrie.

273 Deux pierres d'amianthe , de l'amianthe attachée à une pierre, un morceau d'amianthe & 13 plaques.

Pierres empreintes d'Arboriſations & de Poiſſons , Incruſtations , Pétrifications , &c.

274 Trois pierres blanchâtres d'Allemagne, avec des arboriſations.

275 Trois autres aussi d'Allemagne.

276 Trois *idem*, & une brune.

277 Des ardoises où il se trouve des empreintes de fougere, de poissons, &c.

278 Un monceau d'herbes incrustées par l'eau d'une fontaine qui est dans les jardins d'Issy.

279 Un autre monceau formé par l'eau, & qui se trouve à Abbeville.

280 Vingt-une autres incrustations, qui seront vendues en plusieurs articles.

281 Un très beau poisson pétrifié.

282 Cinq incrustations de poissons & un morceau de pierre à chaux de Stenneberg, rempli d'empreintes de plantes.

283 Quatre os pétrifiés, deux empreintes de poissons, un poisson agatisé, & une dent de chien marin, appellée calcarias.

284 Des pétrifications, madrépores, cailloux & coquilles pétrifiées, qui seront divisés en plusieurs lots.

285 Une grande & belle corne d'Ammon, sciée en deux parties ; elles sont métallisées & agatisées.

286 Une autre grande corne d'Ammon agatisée & cristallisée.

287 Trois petites cornes d'Ammon di-

visées en parties ; elles sont cristalli-
sées , agatisées & métallisées.
288 Des cornes d'Ammon de Thuringe,
Coburg, Bamberg & autres endroits ;
elles seront détaillées à la vente.

Bois pétrifié & agatifié.

289 Deux tablettes de bois pétrifié &
agatifié , polies d'un côté ; l'une vient
de Cobourg , & l'autre de Dresde.
Plus , trois morceaux de bois pétrifié ,
dans l'un desquels la moële est cristallisée.
290 Quatre beaux morceaux de bois pétrifié de Chemniz , Cobourg & France ; chacun de ces morceaux est poli
d'un côté.
291 Quatre autres de Chemniz.
292 Quatre de France.
293 Quatre autres , savoir deux de Bohême , un de Cobourg & un de Dresde.
294 Plusieurs autres morceaux de différentes grandeurs de bois pétrifié des
Pays étrangers & de France.

Ambre.

295 Du succin , & un morceau d'ambre
contenant un insecte.

296 Un autre succin taillé en cœur, dans
lequel il se trouve une grenouille ; ce
morceau est du nombre de ceux qui
sont très rares.

297 Trois plaques de différentes formes, dont une sur laquelle on a gravé un paysage ; un morceau de la gros-
seur & de la forme d'un jaune d'œuf,
la pomme d'une très petite canne ou
badine, & deux petits morceaux.

298 Une Pastorale gravée en relief, sur
une boîte à poudre, faite d'un morceau de succin.

299 Un bocal rempli de différens morceaux de carabé, ou succin, ou ambre jaune.

300 Six bouteilles & deux bocaux, contenant les résultats du succin, ainsi
qu'il est mentionné ci-après.

Huile de succin rectifiée trois fois par l'eau au
degré de l'eau bouillante ; il n'y a que l'huile
la plus légere & la plus pure qui s'éleve.

Huile épaisse de succin, dont la plus légere a été
séparée par la distillation à l'eau.

Esprit acide de succin, sel acide concret volatil dissous par le phlegme.

Sel acide concret de succin cristallisé.

Teinture de succin concentrée en retirant une
portion de l'esprit-de-vin par la distillation.

Teinture de succin ; ce n'est qu'une portion de
succin qui est dissoute dans l'esprit-de-vin,
l'autre portion étant insoluble.

Vernis gras de succin, ou succin diffous dans
l'huile de lin cuite.

Caput mortuum. Tête morte, ou charbon de
succin.

301 Deux morceaux de mines de soufre
de Bex canton de Berne, un de soufre rouge de Ruffie, un autre de la
Guadeloupe, & neuf bocaux contenant du soufre vif, du soufre de Mar-
seille, de Hollande & autres ; une mê-
che de soufre de Paris, une de Straf-
bourg, du Cinabre artificiel, & le
modele d'un baril de Marchand de
vin pour être soufré.

302 Sept bocaux & seize bouteilles contenant les réfultats du soufre, favoir :

Fleurs de soufre, ou soufre sublimé.

Foie de soufre diffous dans l'eau : l'Alkali fixe
eft le *medium* d'union du soufre & de l'eau.

Foie de soufre, soufre uni à l'alkali fixe par la
fufion.

Magiftere de soufre. Soufre précipité du foie
par le vinaigre diftillé.

Soufre fondu qui, en refroidiffant lentement,
criftallife à la façon des sels neutres.

Soufre artificiel retiré du foie de soufre fait
avec le tartre vitriolé, l'alkali fixe par la
précipitation par le vinaigre diftillé.

Foie de soufre, soufre uni à l'alkali fixe par la
diftillation.

Baume de soufre térébenthiné, ou soufre diffous dans l'huile effentielle de térébenthine.

Acide sulfureux volatil qui passe après l'Æther
dans la distillation du mélange de l'acide
vitriolique & de l'esprit-de-vin.
Foie de soufre dissous dans l'esprit-de-vin.
Foie de soufre cristallisé.
Rubis de soufre, ou Baume de soufre. Soufre
dissous dans l'huile d'olive.
Acide sulfureux volatil retiré par la distillation,
de la dissolution du mercure par l'acide vi-
triolique : une partie du soufre s'est unie à
l'acide vitriolique.
Pyrophore : il s'enflamme à l'air libre.
Sel neutre formé par l'union de l'acide sulfureux
volatil & de l'alkali fixe.
Foie de soufre fait avec le tartre vitriolé, les
charbons & l'alkali fixe.
Acide sulfureux volatil dégagé d'avec l'alkali
fixe par l'intermede de l'acide vitriolique.
Esprit de soufre.
Baume de soufre anisé.
Huile de soufre.

303 Plusieurs morceaux de sel gemme
cristallisé ; ils viennent de Wieliezka
en Pologne, & sont renfermés dans
une cage de verre.

304 Un morceau de sel ammoniac de
Siberie, un de sel gemme empreint
d'une terre glaise, & un autre à-peu-
près de même ; ces deux derniers
morceaux viennent de Pologne : des
Stalactites de Koesen formés par l'é-
vaporation du sel, & un morceau de
terre d'alun de Belgern.

305 Des Sels, Alun, Vitriol, & les Réfultats des fels, le tout renfermé
dans 98 bocaux & bouteilles étiquetés.

306 Six Careaux de différentes laves
polies, & une tabatiere de même
matiere.

307 Bois bitumineux, Pierres ponces,
terres du Volcan & autres morceaux,
en tout 36.

308 Quinze morceaux de charbon de
terre de Thuringe, Pesterwitz a
deux lieues de Dresde, Zwickau,
Neustade, Bohême, Angleterre &
Flandre. Plus, les Résultats desdits
charbons dans trois bouteilles & un
bocal, favoir :

Esprit alkali volatil du charbon de terre : il a
paffé dans la diftillation au degré de feu fupérieur à l'eau bouillante.

Huile du charbon de terre : elle a paffé dans
la diftillation au degé du feu fupérieur à l'eau
bouillante, en même tems que l'alkali volatil.

Huile du charbon de terre rectifiée une fois.

Caput mortuum. Tête morte, ou charbon
reftant de la diftillation du charbon de
terre.

Plaques de Bois pétrifiés, Plaques d'A-
gate, de Jaspe, Cailloux d'Egypte
& autres, taillées & disposées pour
faire monter en boîte ou tabatiere.

309 Six jolies plaques de bois pétrifié
& agatifé ; elles font toutes d'un
très beau poli.

310 Six autres belles plaques de Jafpe
fleuri.

311 Six plaques de beau Jafpe univer-
fel, varié de couleurs agréables.

312 Six autres d'Agate d'Allemagne.

313 Six plaques d'Agate d'Allemagne, d'une couleur jaunâtre & d'un
joli travail.

314 Deux plaques d'agate moufeufe,
de forme octogone ; elles viennent
d'Allemagne, & font bonnes à faire
le deffus & le deffous d'une boîte.

315 Deux grandes plaques d'Agate
Orientale de forme octogone.

316 Deux plaques d'Agate d'Allemagne de couleur claire ; elles font
d'une forme contournée & propre
pour une boîte. Plus, une plaque
d'Agate moufeufe taillée en oval.

317 Quatre plaques d'Agate d'Allemagne ; deux font ovales, les deux
autres contournées.

318 Une

318 Une Boîte de forme quarré-long, avec son dessus de très beau caillou d'Egypte, où il se trouve des accidens heureux.

319 Une Boîte quarrée de très beau Jaspe verd, sur le dessus est gravé un cartel.

320 Une Boîte à mouches, avec son dessus, de forme octogone d'Agate brune d'Allemagne, & deux autres plaques d'Agate d'Allemagne, dont une quarrée, veinée de couleur lilas sur un fond bleuâtre.

321 Une Corbeille de prime d'Améthiste ; il manque un petit morceau à son dessus. Plus, un beau morceau d'Agate.

322 Deux plaques d'Agate Orientale de forme ovale, & une octogone ; ces trois pieces ont de belles couleurs.

323 Le dessus & le dessous d'une Boîte de forme contournée, de cornaline blanche ; il se trouve sur l'un de ces deux morceaux une bande rubanée de couleur de rose & lilas sur un fond blanc, qui fait un hasard de nature des plus agréables. Plus, une cuvette d'Agate d'Allemagne.

324 Une jolie Boîte contournée, gravée en dessus ; elle est d'une agate

C

finguliere & peu commune. Une plaque d'Agate de belle couleur, qui a fervi de deffus de tabatiere, & deux petites plaques de beau Jafpe.

325 Un deffus de Boîte d'Agate Orientale, & une plaque ronde de Jafpe éliotrope.

Plaques & Cailloux, Bois pétrifiés, Cailloux d'Egypte & de Rennes, Prime d'Emeraude, Jafpe, Agate d'Allemagne, Lapis & Cornaline.

326 Six plaques de différens beaux bois des Indes, pétrifiées & agatifées; elles font toutes polies. Plus, une cuvette de forme ovale, auffi de bois des Indes.

327 Huit autres auffi de bois agatifé, & polies.

328 Six plaques de cailloux d'Egygte de différentes formes & grandeurs.

329 Cinq autres auffi de Cailloux d'Egypte.

330 Deux plaques de cailloux de Rennes & deux d'Allemagne.

331 Quatre plaques de différens cailloux d'Angleterre nommés *Poudinque* *.

---

* Le Poudinque eft une pierre formée de différens cailloux ; ce nom vient du mot Anglois *Pouding*, qui fignifie un ragoût compofé de morceaux de viandes différentes.

332 Trois plaques de différentes pierres étoilées d'Egypte , & une d'Agate rouge d'Allemagne.

333 Sept morceaux d'Agate d'Allemagne , & trois pierres étoilées de Malthe.

334 Une plaque ronde de caillou de Rennes, & un morceau de caillou fpongieux , poli d'un côté.

335 Un morceau de caillou d'Allemagne criftallifé.

336 Une plaque de Prime d'Emeraude de 3 pouces 6 lignes en quarré.

337 Deux belles plaques de Jafpe verd & deux de Jafpe fanguin.

338 Six autres plaques de Jafpe fanguin & Jafpe verd.

339 Cinq plaques d'Agate d'Allemagne de différentes formes & grandeurs.

340 Cinq plaques de Jades de différentes couleurs , & deux morceaux de Jades.

341 Quatre plaques de Lapis.

342 Six morceaux de Lapis.

343 Une belle pierre de Jade nommée pierre de circoncifion.

344 Cinq morceaux de Jafpe verd & de Jafpe fanguin, une plaque d'Albâtre de forme ovale, une de cail-

lou d'Egypte, une de Rennes & une Agate rougeâtre.

345 Une plaque quarrée de Jaſpe ſanguin, & une belle prime d'Emeraude jouant l'argentine, ſa forme eſt ovale.

346 Un caillou de Cornaline onyx *, dans lequel il ſe trouve une eſpece d'œil, un morceau de Cornaline blanche d'une forme très ſinguliere, & une plaque ovale de Cornaline rouge.

347 Deux belles plaques de Cornaline de forme ovale, l'une eſt rouge & l'autre blanche & jaune.

348 Trois plaques de Cornaline & une cuiller auſſi de Cornaline avec des arboriſations.

349 Quatre Cornalines de différentes couleurs.

350 Huit autres.

351 Une plaque d'Agate tirant ſur la

---

* On appelle *Onyx* toutes les pierres qui ont deux ou pluſieurs couches de couleurs différentes, ſoit que la couche ſoit horiſontale, ſoit qu'elle coupe la pierre perpendiculairement. Ainſi on dit *Agate onyx*, *Cornaline onyx*, *Sardonyx*, quand une Agathe a deux ou pluſieurs couches de couleurs différentes, &c. Le mérite de cette pierre eſt que les couleurs ne boivent pas les unes ſur les autres, c'eſt-à-dire, lorſque les couleurs tranchent & paſſent ſubtilement & ſans nuance l'une dans l'autre.

Cornaline & une de bois agatifé.

352 Une cuvette, un cœur & une plaque de Cornaline blanche, & quatre
morceaux d'Agate blanche, dont une
Sardoine claire & barrée.

353 Un Caillou très fingulier & de
couleurs fatisfaifantes ; il repréfente
des lignes rubannées qui forment des
cercles concentriques.

354 Quatre charmans morceaux : trois
de forme ronde ont été fciés du deffus
du caillou précédent, & le quatrieme
du deffous.

355 Six plaques d'Agate d'Allemagne
de trois différentes couleurs.

356 Six autres plaques auffi d'Agate
d'Allemagne.

357 Deux plaques d'Agate d'Allemagne, de forme ovale, & une autre
à huit pans.

358 Un deffus de tabatiere de nacre de
perle, deux morceaux de compofi-
tions d'aventurines & une plaque de
compofition de Jafpe d'Egypte.

359 Six plaques de différentes Agates
d'Allemagne.

360 Deux jolies plaques d'Agate d'Allemagne rubannées & variées de belles couleurs, qui jointes enfemble
font un agréable compartiment.

C iij

361 Cinq autres plaques de différentes
Agates.

*Agates arborifées Orientales , Agates
Onyx & autres.*

362 Une très belle Agate de forme
prefque ronde , on y voit très diftinc-
tement deux arbres & une légere ter-
raffe ; cette pierre eft entourée d'un
cercle d'or, & eft orientale.

363 Une Corbeille d'où fortent des ar-
briffeaux ; il femble que l'art fe foit
joint à la nature pour faire de cette
Agate un morceau accompli ; elle eft
renfermée dans un cercle d'or , elle
eft auffi Orientale.

364 Une autre Agate repréfentant un
bel arbre en buiffon ; elle eft auffi renfermée dans un cercle d'or & Orientale.

365 Une plaque en ovale repréfentant
des branches d'arbres ; ils font variés
de couleurs , & par conféquent ce
morceau mérite d'être diftingué.

366 Une plaque de forme ovale , où eft
repréfenté un bouquet d'arbres.

367 Des arbres qui fortent d'une ter-
raffe ; cette Agate peut être montée
en bague.

368 Deux autres Agates arborifées, dans
l'une on voit un payfage & dans l'autre un bouquet d'arbres.

369 Une Agate arborifée de forme ovale ; on y remarque un cloporte.

370 Une plaque d'Agate Orientale,
herbée.

371 Une autre plaque de forme ovale,
mouchetée & herbée.

372 Une grande plaque d'Agate avec
des arborifations.

373 Deux autres avec des accidens.

374 Quatre autres *idem*, & une cuiller.

375 Deux plaques d'agates rubannées,
& deux autres mouchetées.

376 Une belle plaque ovale jouant
l'onyx.

377 Trois autres belles Agates Orientales.

378 Quatre plaques de différentes formes.

379 Cinq autres de différentes couleurs.

380 Trois plaques oblongues d'Agate
Orientale, un morceau d'Agate avec
accident & un de Cornaline.

381 Cinq morceaux d'Agate & une
cuiller de beau Jafpe verd.

382 Deux Onyx Orientales & cinq morceaux d'Agate.   C iv

383 Une belle Onyx de trois couleurs,
　　son deſſus eſt rougeâtre ; & une Agate
　　repréſentant un œil.

384 Une Agate onyx de forme ovale
　　dans ſon chaton d'argent ; elle porte
　　trois pouces de long ſur deux pouces
　　de large.

　　Ce morceau, qui eſt Oriental, réunit en même tems deux perfections.
Ses couleurs ſont belles & le volume
eſt très conſidérable, ce qui eſt fort
difficile à trouver. On pourroit graver deſſus un grand ſujet, & c'eſt un
magnifique échantillon à garder dans
un Cabinet, tel qu'il eſt.

Pierres fines & autres, non montées.

385 Quinze petites Opales.
386 Quatre-vingts autres petites Opales.
387 Quatre gros grenats & quarante-
　　deux vermeilles.
388 Vingt-ſix Turquoiſes de vieille
　　roche.
389 Six Turquoiſes de vieille roche.
390 Une Turquoiſe oblongue d'ancien-
　　ne roche de la plus belle couleur, &
　　deux morceaux de Turquoiſe de nou-
　　velle roche.

391 Trois belles Turquoises de nouvelle
roche.

392 Quatre autres Turquoises.

393 Treize Turquoises aussi de nouvelle
roche.

394 Quatre Malaquites.

395 Sept Pierres ; savoir, une Emeraude
du Bresil , une Prime d'Emeraude,
une autre Emeraude, une Rubasse ,
une Jacinthe, une Agate singuliere ,
& un Œil de chat.

396 Des Améthistes, des Grenats, Topases, Aigues marines, Saphirs bruts
& un petit Rubis balai, en tout
27 Pierres.

397 Sept petites Agates arborisées O-
rientales ; trois Pierres chatoyantes ,
& un Œil.

398 Trois Améthistes de différentes formes & grosseurs.

399 Deux Rubis spinels & un Rubis
balai.

400 Quatre Rubis Orientaux.

401 Vingt-deux Rubis Orientaux en
cabochon , pesant 34 quarats.

402 Une partie de Rubis brut & de Saphirs tels qu'on les trouve dans la
terre ; ils pesent 60 karats.

403 Vingt-deux Saphirs & treize Améthistes.

404 Des Cristaux ou petits Canons d'Espagne blanc & rouge.

405 Des Grenats, un Cristal brun, des Rubis balais & des vermeils.

406 Trois petits Diamants bruts, pesant ensemble trois grains & demi legers.

407 Trois Topases brutes du Bresil, une Topase d'Allemagne taillée à facettes & deux Améthistes brutes.

408 Quatre matrices de Perle.

409 Soixante-seize Perles de différentes grosseurs.

410 Deux grosses Perles en pendans & une moyenne.

411 Huit Crapaudines de différentes couleurs & grosseurs.

412 Deux Cristaux bruns, deux Primes d'Emeraude, un Grenat, un Cristal avec des accidens & trois Perles de l'Isle de Corse.

413 Une très belle & grande Iris de forme ovale.

414 Une Topase d'Orient taillée à facette.

415 Un beau Saphir blanc à huit pans & à facettes.

416 Un Saphir d'un bleu clair; sa forme est ovale.

417 Un Peridot & une jolie Jacinthe.

418 Trois Cristaux avec des accidens très singuliers.

419 Une Emeraude de Carthagene, taillée en poire, une Emeraude chevée, & deux petits Canons du Brefil, deux Pierres de Malthe qui ont la forme d'yeux, & douze petites Emeraudes brutes.

420 Une belle compofition d'Aigue marine, deux Criftaux, dont un étamé & monté en chaton, une pierre de compofition imitant la Topafe & une autre l'Emeraude.

421 Six Pierres de compofition, favoir, deux d'Aigue marine, une de Girafol, une d'Améthifte, une de Rubis & une tirant fur le Saphir d'eau.

422 Trois Pierres chatoyantes, un Œil de chat & une petite Onyx.

423 Une groffe & belle chatoyante de forme ovale.

424 Une Agate Orientale de forme ovale, repréfentant deux yeux, & une plume de Paon, ce dernier objet n'eft point une pierre, c'eft le nerf qui réunit les deux côtés de la coquille qu'on appelle *Mere Perle*. On en monte des Bagues qui rendent les mêmes couches que les plumes de la queue du Paon.

425 Une Topafe d'Allemagne de forme quarré-long, montée dans un chaton d'argent doré.

426 Une belle Améthiste de forme quarrée & taillée à facettes.

427 Un Cristal jaune, un Grenat, une
Cornaline, une Chatoyante & un
Rubis du Bresil, de forme longue &
taillé à facettes.

428 Des Agates, Cornalines, Jaspes,
quatre Crysolites brutes, un petit
cristal jaune, en tout 27 pierres.

429 Vingt-huit Pierres de composition,
doublets & cristaux de différentes couleurs.

430 Une Agate arborisée d'Allemagne
enchassée dans de l'or : on y voit deux
arbres qui sortent d'une petite terrasse, dont les tons de couleurs sont
variés, ce qui contribue beaucoup à
donner un mérite distingué à cette
pierre.

431 Quatre Agates arborisées d'Allemagne.

Pierres fines, Agates arborisées, & autres
Pierres montées en Bagues.

432 Un Diamant bleu quarré : ce Diamant est regardé pour être un des
plus beaux & des plus parfaits qu'on
puisse trouver.

433 Un beau Rubis Oriental, de forme

ovale , fa couleur eft des plus riches.

434 Un Rubis fpinel de forme ovale ,
il eft de toute beauté.

435 Un beau Rubis du Brefil de forme
quarrée , taillé à facettes.

436 Un autre beau Rubis du Brefil , de
forme ronde.

437 Un très beau Grenat Syrien à huit
pans , fa forme eft prefque ronde.

438 Un Grenat de belle couleur , taillé
à huit pans.

439 Une Jacinthe auffi taillée à huit
pants.

440 Un très beau Saphir Oriental , de
forme ovale , fa couleur eft riche.

441 Un autre Saphir auffi Oriental ,
d'une couleur moins foncée , il eft
taillé à pans.

442 Un Saphir blanc Oriental , de forme quarrée.

443 Un Saphir d'eau , de forme ronde
& à huit pans.

444 Une Topafe claire très nette , de
forme ronde , à huit pans , elle eft
Orientale.

445 Une autre Topafe Orientale , fa
forme eft quarrée.

446 Une Topafe blanche & jaune Orientale , de même forme que la précédente.

447 Une Topaſe d'Inde, quarrée, ſa couleur eſt très belle.

448 Une Topaſe du Breſil, de forme ovale.

449 Une très belle Emeraude taillée en quarré.

450 Une grande & belle Chryſolite, de forme quarrée.

451 Une belle Aigue marine, de forme ovale.

452 Une jolie Améthiſte, de forme ronde, taillée à facettes.

453 Une belle Pierre blanche du Breſil, de forme ronde.

454 Une très belle Opale, taillée en cœur, entourée de diamans jaunes.

455 Une autre Opale, de forme ovale, entourée de diamans de différentes couleurs.

456 Une grande & belle Turquoiſe ovale, entourée de petites roſes.

457 Une autre Turquoiſe, plus petite & de même forme que la précédente.

458 Une belle Turquoiſe de vieille roche, taillée en cœur, entourée de brillans.

459 Une Turquoiſe de nouvelle roche & une Malaquite, montées en alliance.

460 Une belle Malaquite ovale.

461 Une très belle Chatoyante , de forme ronde ; elle joue la Pierre de Lune.

462 Une autre Chatoyante fond noir.

463 Une Chatoyante Orientale à fond noir , de forme ovale.

464 Une Chatoyante jaune Orientale en cabochon , de forme ronde.

465 Une autre plus jaune , Chatoyante Orientale , de forme ovale.

466 Une belle Pierre Chatoyante avec des accidens.

467 Une jolie Chatoyante , de forme longue.

468 Une belle Pierre de composition , de couleur rose.

469 Un très beau Cristal blanc.

470 Une jolie Pierre de Lune taillée en cabochon.

471 Une Agate chatoyante.

472 Un Péridot en cabochon jouant la chatoyante.

473 Une Hyacinthe en cabochon.

474 Un Saphir chatoyant ; il est en cabochon & oriental.

475 Une belle Agate blanche en cabochon jouant la Pierre de Lune.

476 Une Astroïte nommée *Pierre de Soleil*, de forme ronde.

477 Un Cristal avec des accidens.

478 Un autre Criftal avec des accidens finguliers.

479 Une belle Pierre de compofition imitant le Criftal jaune.

480 Une Aftroïte.

481 Une Sardoine montée en argent.

482 Une Agate Orientale repréfentant parfaitement le Bufte d'une Négreffe.

483 Une autre Agate Orientale ; on y voit un beau Saule avec fes feuilles, auffi bien repréfenté que le hafard de la nature le puiffe faire.

484 Une Agate Orientale repréfentant une belle Plante , qui femble être colorée par la réverbération du Soleil.

485 Un Pampre de vigne repréfenté naturellement fur une Agate Orientale.

486 Une Agate arborifée Orientale.

487 Une autre Agate arborifée Orientale, où l'on apperçoit un pont au bas d'un rocher , fur lequel font des arbres : on croit que l'art y a un peu de part.

488 Une Agate finguliere , de forme ovale.

489 Une belle Agate arborifée rouge.

490 Une autre Agate auffi arborifée rouge.

491 Un Buiffon rouge pâle , fur une Agate.

492 Une jolie Agate Onyx de trois couleurs.

493 Un bel Œil de chat fur Cornaline.

494 Deux yeux fur une Agate Orientale.

495 Deux yeux en relief fur une Agate
blanche d'Orient.

496 Une Agate Onyx repréfentant deux
yeux.

497 Un Caillou fingulier, où il fe
trouve un homme affis, vû jufqu'aux
genoux.

498 Une Agate blanche d'Allemagne
des plus fingulieres.

Pierres gravées, montées en Bague.

499 Une tête de femme voilée, gravée
en creux fur une Agate Saphirique,
moderne, pour imiter l'antique.

500 Le Signe du Capricorne, gravé auffi
en creux fur une Prime d'Emeraude.

501 Une Sardoine, fur laquelle eft gravée en creux une figure en pieds nus,
qui tient d'une main une balance.

502 Une Tête barbue, ornée d'un Dia-
dême, gravée en relief fur une belle
Agate Onyx de deux couleurs, dont
on a profité avec grand avantage ;
cette pierre eft entourée de 20 beaux
brillans.

503 Une jolie tête d'enfant en relief ſur Cornaline , entourée de petites roſes.

504 Julie, fille de Tite, gravée en relief ſur une Cornaline blonde.

505 Deux Coqs en relief ſur Cornaline onix.

506 Une Cornaline blanche ou Agate Saphirine , du bas de laquelle il ſemble s'élever des flammes d'un beau rouge. On a profité de cet accident pour graver ſur cette pierre *Marcus Curtius* , jeune Citoyen Romain, qui ſe fit un point de Religion de ſe précipiter à cheval & tout armé dans un gouffre , qui s'étoit ouvert dans la Place publique à Rome , l'an 392 de ſa fondation : cette pierre eſt montée à jour , & fait une grande bague d'homme. M. *de Buchelay* l'a achetée en Italie.

Pierres gravées non montées.

507 Une Plaque de Jaſpe en relief , traverſée d'une zône blanche , qui fait le Turban d'une tête de Négre, d'un travail agréable : une autre plaque de Jaſpe verd , gravé en creux, où eſt repréſenté Mars aſſis , & une Fi-

gure symbolique de l'Abondance.

508 Plaque ovale de Lapis de 2 pouces 4 lignes en hauteur, sur laquelle est gravée en creux un sujet allégorique de 4 figures.

509 Trois Pierres : une tête de Saturne gravée en creux sur un Jaspe Onyx Égyptien : un Lion sur un Onyx de deux couleurs, dont la table est bleue & la base noire ; & une Améthiste en relief, représentant une tête de femme voilée.

510 Quatre Plaques de Sardonyx, de gravures modernes.

511 Cinq autres, *idem*.

512 Une figure de femme, portant d'une main une couronne & de l'autre une corne d'abondance, gravée en creux sur une Sardonyx ovale.

513 Une Plaque de Lapis en oval de 20 lignes de hauteur, représentant un Guerrier assis, portant la figure de la Victoire.

514 La figure d'un Lion en pied, vû de face, d'un très grand creux, sur une belle Cornaline ovale.

515 Buste d'homme en relief sur un fond de Sardoine, monté en argent.

516 Un Buste d'Empereur, en relief sur albâtre, dans une bordure d'argent.

517 Six morceaux de Lapis Lazuli, dont un échantillon de la plus subli- me qualité : deux de ces morceaux font gravés en creux.

Diamans & Pierres de couleurs montés en Epingles.

518 Un joli Diamant brillant monté en épingle.

519 Un Diamant jaune & un Péridot d'Orient, montés en épingle.

520 Un Diamant noir.

521 Une Emeraude & un Rubis, mon- tés en épingle.

522 Trois épingles compofées d'une Emeraude, d'une Aigue marine & d'une Topafe du Brefil.

523 Trois autres : un Rubis Oriental clair, un Saphir d'eau & un Diamant rofe.

524 Six Epingles ; favoir, une Topafe d'Inde, une Vermeille, un Saphir d'Orient blanc & un Saphir d'eau, une Emeraude & une Topafe du Brefil.

525 Six autres Pierres montées en épin- gle, qui font, un Saphir d'Orient, un Péridot, une Hyacinthe, un Rubis du Brefil, un Grenat Syrien & une Améthifte blanche.

526 Un petit Diamant jaune, une Améthifte , un Saphir blanc , une Vermeille, un petit Saphir d'Orient &
un Rubis du Brefil : ces fix Pierres
font montées en épingles.

527 Six autres ; une Topafe d'Inde ,
un Rubis balai clair, une Améthifte,
un Saphir blanc, une autre Améthifte
& une Topafe d'Orient.

528 Six Epingles, un Saphir d'eau, une
Améthifte d'Orient , une Emeraude
claire, une Topafe de Bohême, une
Chryfolite & une Emeraude du Brefil.

529 Six autres compofées de Rubis fpinel , Saphir blanc, Péridot , Aigue
marine , Topafe d'Inde , & Grenat
Syrien.

530 Une Topafe , une Emeraude foncée en couleur, un Grenat, une Topafe du Brefil, un Grenat rouge &
une Hyacinthe.

531 Six autres épingles d'une Topafe
brune, un Grenat rouge, une Topafe
d'Inde, deux Rubis fpinels & un Rubis d'Orient.

532 Cornaline , Girafol , Jafpe fanguin , Marcaffite , Agate Orientale ,
Prime d'Emeraude ; fix épingles.

533 Six autres Epingles ; une Agate repréfentant deux yeux , un Lapis, un

Rubis d'Orient chatoyant , une Tur-
quoise , une Agate arborisée & une
Pierre chatoyante.

534 Six Pierres montées en épingles,
qui sont une Sardoine représentant
deux taches rouges, un œil de chat
d'Agate Orientale, une Chatoyante,
une Marcassite, une Pierre de Lune
& une Opale.

535 Six autres ; un Jaspe fleuri , une
Agate Onix, une jolie Chatoyante,
un Caillou de Rennes, un Œil de
Serpent & une Cornaline.

536 Cornaline , Jaspe verd , Œil de
Chat Oriental , Chatoyante , Grenat
cabochon , & une Perle , en tout six
épingles.

537 Œil de chat Oriental , Jaspe &
Caillou d'Egypte , Iris , Topase du
Bresil & une Emeraude : ces six pierres
sont montées en épingles.

538 Un Rubis du Bresil , de forme
quarrée , monté en chaton, & deux
petites poires aussi de Rubis du Bresil
non montées.

539 & 540 Une Topase du Bresil dans
son chaton & deux petites poires.
Plus, une Emeraude du Bresil : ces
trois dernieres pierres ne sont pas
montées.

Tabatieres , Montres & autres Bijoux.

541 Une Boîte pour homme , à deux tabacs , de très beau Jaſpe fleuri , montée en or , à filets unis : ſa forme eſt d'un très beau contour.

542 Une autre Boîte , à deux tabacs , pour homme , de forme quarrée , elle eſt d'Agate Orientale avec des accidens ſinguliers , montée en or , & d'un joli travail.

543 Une Boîte contournée , à un tabac , de belle Sardoine , avec des accidens très heureux ; elle eſt montée en or & à filets unis.

544 Une petite Boîte en tombeau , compoſée de ſix plaques de Sardoines , avec des arboriſations ; elle eſt montée en or ; deux de ces plaques ſont caſſées , il manque un petit morceau.

545 Une belle Montre d'or à deux cadrans , avec des éguilles d'or , dont trois ſont garnies de diamans , faite par *Ageron* à Paris : elle eſt à répétition , & marque d'un côté les heures , les minutes & les ſecondes , & de l'autre , les jours de la ſemaine , ceux du mois & le quantieme de la Lune : cette Montre eſt extrêmement curieuſe ,

l'Artiste n'ayant rien épargné pour en faire un morceau de haute réputation : elle a une chaine, trois portes cachets & une clef d'or.

546 Une Montre d'or avec sa chaîne aussi d'or, le mouvement est fait par le même *Ageron*, à Paris.

547 Un Cachet d'une Agate arborisée Orientale, représentant deux arbres sur une petite terrasse élevée.

548 Une paire de boutons de manchettes, composée de quatre jolies Agates arborisées, chacune est entourée de petits brillans.

549 Une garniture de onze boutons de Grenats, montés en argent, avec un Lacet d'argent.

550 Un morceau de Prime d'Emeraude de forme longue & ronde, monté en argent.

551 Un Lézard, dont le dessus du corps est fait d'une matrice de perle ; son ventre, ses pates, sa queue & sa tête sont d'argent émaillé.

552 Un étui d'ivoire garni en or, avec un petit flacon de cristal ; son bouchon est d'or.

Pieces

Pieces de Méchanique & de Physique.

PARTIE D'AGRICULTURE.

553 Le modele d'une Charrue pour labourer, semer & herser en même-tems, faite de bois de noyer & garnie de fer.

554 Une autre *idem*, mais d'une construction différente.

555 Une petite Charrue simple.

556 Une petite Charrue à quatre roues, pour labourer & semer.

557 Un Cribeloir pour les grains.

558 Un Bluteau pour la farine.

559 Une autre petite Charrue pour labourer, semer & herser, différemment construite que celle ci-devant dite.

560 Un Moulin à huile.

561 Un Moulin à forge.

Artillerie.

562 Deux Canons de fonte qui ont 14 pouces, montés sur leurs affuts & avant-train, garnis de toutes les pieces nécessaires à leur usage.

563 Deux autres Canons de fonte de 9 pouces 9 lignes chacun, montés sur

leurs affuts & garnis de leurs uftenfiles néceffaires.

564 Deux plus petits Canons de fonte, montés fur leurs affuts avec leurs uf-tenciles.

565 Une Obufiere montée fur fon af-fut & avant-train. Plus, fes boulets d'artifice.

566 Deux gros mortiers de fonte, mon-tés fur leurs affuts avec leurs bombes.

567 Deux moyens mortiers, montés fur leurs affuts & fur leurs chariots.

568 Deux petits mortiers de fonte, fur leurs affuts, de même métal que les précédens.

569 Deux Pontons montés fur leur chariot, garnis de leurs uftenfiles pour établir un pont.

570 Une forge de campagne, montée fur fon train à quatre roues, garnie d'un foufflet & de fon néceffaire.

571 Un Caiffon couvert, monté fur quatre roues.

572 Un grand avant-train propre à dé-bourler les canons.

573 Un Chariot monté fur quatre roues fervant à tranfporter les uftenfiles des canons.

574 Une Chevre pour enlever les ca-nons,

575 Une Charrette à boulets.

576 Une Charrette, sur laquelle est un moulin à moudre du grain & qui fait son office en marchant.

577 Une Voiture à quatre roues, servant à l'Artillerie.

Piece pour les Forces mouvantes.

578 Une Grue à grande roue & chevilles.

579 Une autre Grue à barillet.

580 Un Moulin à vent servant à faire marcher une Pompe.

581 Une Grue à grande roue & chevilles différentes de celles qui est sous le n°. 578.

582 Une Colonne torse à jour, faite en ivoire, le chapiteau & la base sont partie de bois d'ébenne & partie ivoire : un vase avec des fleurs faites en ivoire est posé sur le haut de la colonne.

583 Un Vaisseau sur le chantier, faisant la démonstration de l'assemblage des membres du vaisseau & bordé d'un côté : ce morceau est fait avec la plus grande précision, il est sous une cage de verre.

584 Une autre piece curieuse, c'est la

coupe perpendiculaire d'un vaiſſeau de ligne gréé par moitié, ſous cage de verre.

585 La Coupe d'une belle Galere, auſſi gréé par moitié, & ſous cage de verre.

586 Un Moulin à eau ſur le modele de ceux du Quai de la Feraille.

Force mouvante.

587 Un petit Mouton.

588 Un grand Mouton.

589 La Vis d'Archimede.

590 Une Chevre.

591 Une Pompe à ſeaux en chapelet.

592 Une Piece ſervant à faire ſecher les grains.

593 Une moitié de la Machine de Marly.

594 Un Moulin à farine allant par le moyen des chevaux.

595 Une Etuve pour ſecher les grains.

596 Une piece de Méchanique repréſentant une Forge à fer.

597 Vingt-ſix pieces en bois, concercernant les corps réguliers & irréguliers de Mathématique.

598 Un beau Baromêtre fait par *Gallonde*, & garni de bronze doré d'or moulu.

599 Un grand Thermomètre, suivant
M. *de Réaumur* ; il porte 9 pieds 6
pouces de haut, & est renfermé dans
une bordure dorée d'un pouce 6 lignes de large.

600 Un Baromètre nouveau de même
grandeur & encadré comme celui de
l'article précédent.

601 Un Baromètre double de grandeur
ordinaire, construit par M. *Paſſemant,*
Ingénieur du Roi en 1760.

602 Une Loupe & une Lorgnette montées l'une & l'autre en or, avec un
étui d'écaille enrichi d'agrémens &
filets d'or.

603 Un demi pied d'argent, qui porte
d'un bout un compas à trois pointes,
& de l'autre un porte-crayon.

604 Deux jolis petits Piſtolets de poche
faits par *le Page*, à Paris.

*Cabinet de Pharmacie & d'une partie des
réſultats du cours de Chymie qui y ſont
joints.*

605 Vingt-neuf Bocaux étiquetés, contenant des racines, fleurs, feuilles &
ſemences : plus, deux flacons, l'un
d'huile des quatre ſemences froides,
& l'autre de teinture de rhubarbe, ou

plutôt fubftance *extracto* réfineufe de
la rhubarbe diffoute dans l'efprit-de-
vin.

606 Vingt-neuf autres Bocaux , dans
lefquels il fe trouve différentes femences, feuilles & fleurs , & trois
flacons étiquetés , contenant de la
teinture d'orcanette par l'Efprit-de-
vin ; c'eft la partie colorante de cette
racine unie à l'efprit-de-vin. Teinture
d'orcanette par l'efprit-de-vin ; c'eft
la partie colorante de cette racine à
l'huile effentielle de térébenthine.
Teinture de Jalap , réfine de Jalap
extraite par l'efprit-de-vin.

607 Autres femences , feuilles, fleurs ,
&c. dans onze Bocaux.

608 Soixante-deux pieces , tant bocaux
que bouteilles , où font auffi des femences, feuilles , fleurs & racines :
& feize extraits & réfultats du cours
de Chymie.

609 Autres femences , fleurs, feuilles ,
&c. dans 33 bocaux : & 6 flacons de
réfultats de Chymie.

610 Quarante-deux Bocaux , *idem.*

611 Quarante deux autres , dont un
flacon d'huile effentielle des femences d'Anis : elle fe congele à un cer-
tain degré de froid.

612 Dix-huit Bocaux de semences,
fleurs, herbes, &c. dont trois opérations de Chymie sur le safran.

613 Fruits, semences & fleurs dans
treize Bocaux.

614 Trente trois Bocaux, renfermant
des fleurs, des pois & des haricots

615 Des racines, des fleurs, des feuilles & des semences dans 18 bocaux.

616 Trente Bocaux, contenant aussi des
semences, des fleurs, &c.

617 Semences de laitue, chicorée, bar-
be de bouc & de scorsonaire, dans
sept Bocaux.

618 Dix huit Bocaux de différentes graines, semences & fleurs.

619 Des feuilles, fleurs & graines de
différens pays, dans 25 bocaux : plus,
4 flacons contenant,

Eau ou *Phlegma* du seigle qui a été dégagé au
degré de l'eau bouillante.
Acide du seigle qui a passé au degré de feu supérieur à l'eau bouillante.
Huile du seigle.
Caput mortuum, Tête morte ou Charbon du
seigle.

620 Racine & Capilaire du Canada, &c.
onze bocaux.

621 Agaric, Coraline, Mousse de La-
ponie & Buis d'Espagne en quatre
bocaux.   D iv

622 Vingt-deux Bocaux, plusieurs sont remplis de Pain de Canada, Fruits de Cedre, Platane d'Orient, Bois de Savinier, Pommes & Glands de Chêne verd, &c. Plus, deux bouteilles & un bocal, contenant

Acide du Chêne passé au degré de feu supérieur à l'eau bouillante.

Huile de Chêne; elle va sous l'eau.

Caput mortuum, ou Charbon du Chêne restant après la distillation du Chêne; il ne donne plus rien à la violence du feu.

623 De l'écorce & du bois de Gayac dans deux bocaux, ses résultats ou opérations de Chymie dans dix fioles; du bois d'Olivier dans un bocal, & les résultats en trois fioles & un bocal; une fiole d'huile d'amandes ameres, une autre à partie aromatique du Jasmin, unie à l'esprit de-vin, & qu'on a enlevé par expression. Plusieurs autres Bocaux, où il se trouve différentes choses, en tout 39.

624 Quatre-vingt-dix-huit Opérations sur le vin, dans des bocaux & flacons.

625 Follicules, Senné, Citisus des Alpes, &c. dans huit bocaux.

626 Un Bocal rempli de Manne en larmes: plus, un autre bocal & deux fla-

cons , contenant les Opérations de Chymie fur la Manne.

627 Un Flacon de teinture de Squine , & différentes Racines dans dix-neuf bocaux.

628 Du Sang-Dragon dans trois bocaux, de la Réfine de Sang-Dragon dégagée de l'efprit-de-vin par l'eau , de la Teinture de Sang-Dragon , ou Sang-Dragon diffous dans l'efprit-de-vin , de l'Indigo de S. Domingue , &c., en tout 14 tant bocaux que flacons.

629 Trente Bocaux contenant différentes Canelles, de la teinture de Canelle , différentes Noix , Lacques , Vernis de Gomme Lacque , Poix réfine & autres Drogues.

630 Du Baume du Pérou folide & du Baume de Tolu renfermé dans leurs coques ordinaires & dans deux bocaux.

631 Réfine de plufieurs fortes , Vernis de Réfine , Camphre, Camphre diffous par l'efprit-de-vin , Réfine d'Oliban , Opération de Chymie d'Oliban, Myrrhe & fes opérations , &c. 25 bocaux.

632 Trente-huit bocaux & flacons, dans lefquels font renfermées des gommes , des bois & leurs opérations de Chymie.

633 Baume de la Mecque, baume de
Copahu, baume du Pérou sec & li-
quide ; 4 bocaux.

634 Térébentine de Chio, de Venise,
de Suisse & autres, & les diverses opérations de Chymie; dans 13 bocaux
& flacons.

635 Résultats du Cours de Chymie du
Regne Animal, dans 22 bocaux &
29 bouteilles : plus 16 bocaux, dans
plusieurs desquels il se trouve du blanc
de baleine, des perles orientales, des
Cantarides.

636 Un très beau Bezoard Oriental dans
un bocal.

637 Huit Bezoards, savoir, un de la ves-
sie de l'homme, un adipeux de la vé-
sicule du fiel, un de singe, trois des
mines d'or ; un Bezoard Occidental
& un Oriental faux.

638 Vingt-trois Bocaux renfermant différentes terres.

639 Plusieurs morceaux de terre, sur
des Socles de bois.

640 Quinze Bocaux, dont quelques-uns
contiennent de la bronze, du vermil-
lon, de la sanguine, &c.

Figures & Vases de Terre cuite.

641 Une Baigneuse, figure debout &

un peu penchée en devant. Ce morceau, qui est d'*Etienne Falconnet*, a 27 pouces de hauteur, y compris un socle doré de 18 lignes.

642 Une autre figure de jeune fille tenant une guirlande de fleurs; par le même *E. Falconnet*.

643 Une aimable Bacchante qui a la jambe gauche en l'air; elle tient de la main droite un flambeau, & de l'autre un bâton, autour duquel est un pampre de vigne : l'Auteur est M. *Berrué*. Cette figure est de même proportion que les précédentes.

644 Un Fleuve, figure debout.

645 Un Amour qui tient une flèche & un flambeau; par M. *Sïgisbert*.

646 Venus, figure en pied & debout.

647 Hebée, de M. *Sally*.

648 Une Nayade; par M. *Murat*.

649 Un Amour tenant un arc; par M. *Bridant*.

650 Une aimable Paysanne qui bat le beurre; par M. *Allegrain*. Ce morceau porte 15 pouces de haut, & est posé sur un socle de bois doré de 2 pouces 6 lignes de hauteur.

651 L'Amour assis, tenant des colombes; par *Louis Claude Vassé*. Ce morceau a 20 pouces de haut, & posé sur

un focle de bois doré de 6 pouces.

652 La Venus de Medicis, nommée par les Antiquaires la Bergere Grecque; elle porte 21 pouces de haut : M. *Sigisbert* en eft l'Auteur.

652 * Un Payfan affis & un groupe de deux figures faites de terre qui a durcie dans les eaux minérales de Carlfbade.

653 Deux beaux Vafes à canelures & bandeau. Ils font dans le goût antique, & portent chacun 16 pouces de haut.

654 Deux autres Vafes avec anfes & couvercles; ils font différens des précédens.

655 Deux autres ornés de mafcarons avec des anfes.

656 Deux jolis Vafes ornés de guirlandes de fleurs.

Groupes & Figures de Talc & de Plâtre.

657 Un Groupe de trois figures, par M. *Pigale*; il repréfente Mercure, Venus & l'Amour. Ce morceau a deux pieds de haut, y compris un focle doré de 2 pouces.

658 L'Amour & l'Amitié, groupe de deux figures ; par M. *Vaffé*.

659 Léda couchée, faite de talc ; par
M *Taffart*, fur un focle doré & dans
une cage de verre.

660 Venus affife, faifant le pendant ;
par le même M. *Taffart*.

661 Une Femme accroupie, faite de plâ-
tre ; par M. *Philippval*, fur un focle
doré.

662 Une figure debout, du même Auteur.

663 Lantin & Mercure en pendans, de
chacun 14 pouces de haut.

664 Bacchus & l'Ecorché.

Porcelaines & autres Effets curieux.

665 Deux Vafes avec leur couvercle de
porcelaine en bifcuit, de S. Cloud ;
Ils font de belle forme & d'un travail
admirable : deux têtes barbues avec
cornes de bélier fervant d'anfes ; une
belle guirlande de fleurs en relief
femble y être attachée. Chacun de ces
Vafes porte 18 pouces de haut.

666 Un Vafe d'ancienne porcelaine cé-
ladon craquelée, garni de bronze doré
d'or moulu, dans lequel il y a debel-
les fleurs d'Italie, & deux oifeaux ; le
tout renfermé dans une cage de verre.

667 Un autre Vafe de même porcelaine

& garni de bronze avec des fleurs ; renfermé auſſi dans une cage de verre.

668 Deux petits Vaſes ou Urnes de porcelaine bleue , avec anſes & agrémens de bronze doré d'or moulu.

669 Deux Vaſes de porcelaine blanche, avec des fleurs en relief.

670 Un petit vaſe avec ſon couvercle , de porcelaine de Séve ; elle eſt bleue , à cartel blanc ; ornemens & oiſeaux en or. Il porte 7 pouces 9 lignes de haut.

671 Deux bouteilles de porcelaine blanche avec figures & payſages coloriées. Ces deux pieces ont la forme d'éguiere , par rapport à leur monture , qui eſt de bronze doré.

672 Une grande Urne couverte de porcelaine de la Chine , avec payſage , figures & agrémens coloriés.

673 Un petit Portefeuille de maroquin en forme d'écritoire , garni d'un encrier & poudrier, avec charnieres d'argent.

674 Un petit Coffre quarré de bois de noyer , garni d'une ſerrure à ſecret ; il y a dans ce coffre un écrain.

675 Un Bureau à quatre pieds en bois de paliſſandre , garni de pluſieurs tiroirs ; ſur le deſſus eſt un baguier ou

écrain, renfermé sous des verres qui forment une cage. Ce Bureau porte 2 pieds 6 pouces de long, 20 pouces de large, & 33 pouces 6 lignes de haut.

676 Un autre Bureau de même que le précédent, à l'exception du Baguier.

677 Autre, *idem.*

678 Un petit Bureau de 20 pouces en quarré sur 33 pouces 6 lignes de haut, construit comme le précédent.

679 Un autre, *idem.*

680 Une grande armoire très proprement faite, avec six tablettes de différentes largeurs, le tout en bois de chêne peint en gris & blanc. Cette armoire, qui a l'avantage de pouvoir être séparée en six parties, est composée de douze battans de porte, garni de deux beaux verres blancs, qui portent chacun 31 pouces 6 lignes de haut, sur 20 pouces de large. Elle porte dans toute sa longueur 28 pieds 3 pouces sur 6 pieds 10 pouces 6 lignes de haut, & 18 pouces de profondeur.

681 Une Armoire qui fait face à celle ci-devant dite, de même hauteur, largeur & profondeur.

682 Une Chasse à filets & montures de cuivre doré d'or moulu ; elle est com-

posée de six glaces, & porte 24 pouces de long, 7 pouces de haut & 6
pouces de large.

ADDITION.

683 Une piece d'argent de Freyberg,
frappée tel qu'il sort de la mine.

684 Un morceau de cristallisation, un
échantillon de cinabre de la Chine,
& six autre morceaux de mines.

685 Deux Vases de cartons peints dans le
goût du porphyre.

686 Des Pétrifications, cailloux, &c,
dont on fera plusieurs articles.

F I N.

INDICATION

Des Catalogues que P. REMY a fait seul & en société pour des Ventes.

CATALOGUE des Tableaux & des Portraits en émails du Cabinet de M. PASQUIER, Députe du Commerce de Rouen. *Paris, Barrois,* 1755.

Catalogue Raisonné des Tableaux, Sculptures, tant de marbre que de bronze, Desseins & Estampes des plus grands Maîtres, Porcelaines anciennes, Meubles précieux, Bijoux, &c. du Cabinet de M. le DUC DE TALLARD, avec M. GLOMY. *Paris, Didot,* 1756.

Catalogue Raisonné d'une Collection considérable de Coquilles rares & choisies du Cabinet de M. Le * * avec M. HELLE. *Paris, Didot,* 1757.

Catalogue raisonné de Tableaux, Desseins, & Estampes des meilleurs Maîtres d'Italie, des Pays-Bas, d'Allemagne, d'Angleterre & de France, qui composent différens Cabinets. *Paris, Didot,* 1757.

Catalogue de Desseins & Estampes des plus grands Maîtres des différentes Ecoles. *Paris, Didot,* 1758.

Catalogue de Curiosités en différens genres. *Paris, Didot,* 1759.

Catalogue de Desseins, Estampes & Coquilles avec M. HELLE. *Paris, Martin Lotin,* 1759.

Catalogue raisonné des Tableaux, Desseins & Estampes du Cabinet de M. le Comte de VENCE, Lieutenant Général des Armées du Roi,

E

& Commandant à la Rochelle. *Paris, Prault fils*, 1760.

Catalogue des Effets curieux du Cabinet de M. DE SELLE, Tréforier Général de la Marine. *Paris, Didot*, 1761.

Catalogue d'une très belle Collection de bronze & autres Curiofités Egyptiennes, Etrufques, Indiennes & Chinoifes, Figures, Buftes & Bas-reliefs de bronze, d'albâtre & de marbre, antiques & modernes; Pierres gravées, montées en bagues, &c. du Cabinet de M. le Duc DE SULLY *avec M. Helle. Paris, Didot*, 1762.

Catalogue Raifonné des Tableaux, Porcelaines, Bijoux & autres Effets du Cabinet de feu M. GAILLARD DE GAGNY, Receveur Général des Finances de Grenoble *Paris, Didot*, 1762.

Catalogue d'une Collection de Deffeins, Tableaux & Eftampes du Cabinet de feu M. MANGLARD, Peintre de l'Académie de S. Luc à Rome, avec M Helle. *Paris, Didot*, 1762.

Catalogue des Tableaux, Eftampes en livres & en feuilles, Cartes manufcrites & gravées, du Cabinet de feu Meffire GERMAIN LOUIS CHAUVELIN, Miniftre d'Etat, Commandeur des Ordres du Roi, & ancien Garde des Sceaux. *Paris, Lotin & Mufier*, 1762.

Catalogue de Deffeins des trois Ecoles, d'un grand nombre de belles Eftampes en feuilles, livres d'Eftampes, &c. avec M. Helle. *Paris, Didot*, 1762.

Catalogue d'une Collection de belles Coquilles, de Madrepores, Litophytes, Cailloux, Agates, Pétrifications, avec M. Helle. *Paris, Didot*, 1763.

Catalogue d'une Collection de très belles Coquilles, Madrepores, Stalactites, Litophytes, Pétrifications, Criftallifations, Mines, Plaques

& Cailloux agatifés & criftallifés, &c. du Cabinet de feue Madame DE BURRE. *Paris, Didot*, 1763.

Catalogue d'Effets curieux du Cabinet de feu M. HENNIN, Confeiller du Roi, Maître & Doyen de la Chambre des Comptes de Paris, & Maître d'Hôtel ordinaire du Roi ; avec M. Helle. *Paris, Didot*, 1763.

Catalogue Raifonné des Tableaux du Cabinet de feu M. PEILHON, Secretaire du Roi. *Paris, Didot*, 1763.

Catalogue d'un Cabinet de Curiofités. *Paris, Didot*, 1763.

Catalogue d'une Collection de Tableaux de très bons Maîtres Flamands, Hollandois & Flamands : ces Tableaux font partie des effets abandonnés à u e Direction de Créanciers. *Paris, Didot*, 1763.

Catalogue d'une Collection de très beaux Tableaux, Deffeins & Eftampes de Maîtres des trois Ecoles, livres & fuites d'Eftampes, Planches gravées, Figures de marbre & de terre cuite, Bagues de Diamans, Pierres gravées, Boîtes montées en or, Porcelaines, &c. de la fucceffion de M. J. B. DE TROY, Directeur de l'Académie de Rome, &c. *Paris, Didot*, 1764.

Catalogue Raifonné des Curiofités contenues dans les Cabinets de feu M. SAVALETE DE BUCHELAY, Gentilhomme Ordinaire du Roi, & l'un des Fermiers Généraux de Sa Majefté. *Paris, Didot*, 1764.

F I N.

CATALOGUE

DES LIVRES

Du Cabinet de feu Monſieur SAVALETE DE BUCHELAY, Gentilhomme Ordinaire du Roi, & l'un des Fermiers Généraux de Sa Majeſté.

Dont la Vente ſe fera le Lundi, 16 Juillet 1764, & jours ſuivans, rue S. Honoré, dans la maiſon de M. de Magnanville, au Tréſor Royal.

A PARIS,

Chez DAVIDTS, Libraire, quai des Auguſtins, à l'Image S. Jacques.

======

M. DCC. LXIV.

CATALOGUE

DES LIVRES

Du Cabinet de feu Monsieur SAVALETE DE BUCHELAY, Gentilhomme Ordinaire du Roi, & l'un des Fermiers Généraux de Sa Majesté.

THEOLOGIE.

1 Discours historiques, critiques, théologiques & moraux du Vieux & nouveau Testament; par Jacques Saurin, avec les figures de Hoet, Houbrake & Picart. *La Haye*, 1728. 4 *vol. in fol. pap. Royal.*

2 Les Provinciales, ou Lettres écrites par Louis de Montalte, avec les Notes de Wendrock. 1700. 2 *vol. in* 12.

A

3 Réponse aux Lettres Provinciales de L. de Montalte, ou entretiens de Cléandre & d'Eudoxe; par le P. Daniel. *Bruxelles*, 1699. *in* 12.

4 Apologie des Lettres Provinciales de L. de Montalte; par D. Petit-Didier. *Rouen*, 1697. 2 *vol. in* 12.

5 Le Pere Bouhours, contre MM. de Port-Royal. 1709. *in* 12.

6 Justification de M. Arnauld. *Liege*, 1702. 3 *vol, in* 12.

7 Difficultés proposées à Steyaert sur l'avis par lui donné à l'Archevêque de Cambray. *Cologne*, 1691, 3 *vol. in* 12.

8 Le Catéchisme des Jésuites; par Pasquier. *Villefranche*, 1677. 2. *vol. in* 12.

9 L'existence de Dieu, démontrée par les merveilles de la Nature; par Nieuwentyt. *Paris*, 1725. *in* 4. *fig.*

JURISPRUDENCE.

10 Regulæ Societatis Jesu. *Lugduni*, 1607. *in* 12.

11 Artes Jesuiticæ, per Christ. Aletophilum. *Salisburgi.*, 1703. *in* 12.

DROIT CIVIL.

12 Le Droit de la Guerre & de la paix ;
par Grotius, trad. par J. Barbeyrac.
Amst. 1729, 2 *vol. in* 4.

13 De l'Esprit des Loix ; par Louis Se-
condat de Montesquieu. *Geneve*, 2
vol. in 4.

14 Ordonnance de Louis XIV. de 1667.
Par. 1700. *in* 24. *mar. v.*

15 Code Militaire, ou Compilation
des Ordonnances des Rois de France ;
par de Briquet. *Par.* 1741. 5 *vol. in* 12.

16 Traité des Matieres Criminelles ;
par Guy du Rousseau de la Combe.
Par. 1751. *in* 4.

17 Mémoire pour le sieur Dupleix, con-
tre la Compagnie des Indes, avec les
Pieces justificatives ; par de Gennes.
Par. 1759. *in* 4. *gr. pap.*

SCIENCES ET ARTS.

PHILOSOPHIE, LOGIQUE ET MORALE.

18 Boetius de consolatione Philoso-
phiæ. *Rothomagi.* 1503. *in* 4.

19 Histoire des Philosophes Modernes,

A ij

avec leurs portraits , gravés dans le
goût du crayon , d'après les desseins
des plus grands Peintres ; par Saverien , publiée par François. *Par.* 1760.
in 4. *br. fig.*

20 La Logique , ou l'Art de penser ; par
Nicole. *Par.* 1724. *in* 12.

Politique, Commerce et Finances.

21 L'Ami des Hommes ; par M. Mira-
beau. *Par.* 1758. 3 *vol. in* 4.

22 L'Utopie de Thomas Morus , trad.
par Sam. Sorbiere. *Amst.* 1643. *in* 12.

23 Le Ministre Public dans les Cours
étrangeres ; par de la Sarraz de Fran-
quesnay. *Par.* 1731. *in* 12.

24 Les intérêts présens des Puissances de
l'Europe ; par J. Rousset. *La Haye,*
1733. 4 *vol. in* 4.

25 Dictionnaire Universel de Commerce ; par Jacq. Savary des Brulons,
continué par Philem. Louis Savary.
Par. 1748. 3 *vol. in fol.*

26 Elémens du Commerce ; par Véron
de Forbonnais. *Par.* 1754. 2 *vol. in* 12.
v. f. d. s. t.

27 Remarques sur les avantages & les
désavantages de la France & de la Gr.
Bretag. par rapport au Commerce ; par
John. Nickolls , trad. de l'Angl. par

M. Plumard de Dangeul. *Par.* 1754.
in 12.

28 Le Négociant Anglois, ou trad. libre
du Livre intitulé : The British Mer-
chant ; par M. de Forbonnais. *Par.*
1753. 2 *vol. in* 12.

29 Théorie & pratique du Commerce &
de la Marine de Don Geronymo de
Uftariz ; trad. par le même. *Paris,*
1753. *in* 4.

30 Effai fur les intérêts du Commerce
Maritime ; par Dheguerty. *Par.* 1754.
in 12.

31 Le Négoce d'Amfterdam. *Rouen,*
1723, *in* 4.

32 Traités fur le Commerce & fur les
avantages qui réfultent de la réduction de l'intérêt de l'argent ; par Jofias
Child, trad. de l'Angl. par M. de Gour-
nay. *Par.* 1754. *in* 12.

33 Difcours pour & contre la réduction
de l'inrérêt naturel de l'argent, trad.
de l'Angl. par l'Abbé de Gua de Mal-
ves. *Par.* 1757. *in* 12.

34 Effai hiftorique fur les différentes fi-
tuations de la France par rapport aux
Finances, fous le regne de Louis
XIV. par Deon de Beaumont. *Amft.*
1754. *in* 12.

35 Réflexions politiques fur les Finan-

ces & le Commerce; par Dutot. *Par.*
1738. 2 *vol. in* 12.

36 Examen du Livre intitulé : Réflexions
politiques sur les Finances & le Commerce; par Félix Deschamps. *Paris*,
1740. 2 *vol. in* 12.

37 Essais sur les probabilités de la durée
de la vie humaine; d'où l'on déduit
la maniere de terminer les rentes-via-
geres, tant simples qu'en Tontines;
par M. Deparcieux. *Par.* 1756. *in* 4.
gr. p.

METAPHYSIQUE ET PHYSIQUE.

38 Essais de Théodicée sur la bonté de
Dieu, la liberté de l'homme, & l'ori-
gine du mal; par God. Leibnitz. *Lau-*
sanne, 1760. 2 *vol. in* 12.

39 Traité des Animaux; par l'Abbé de
Condillac. *Par.* 1755. *in* 12.

40 Amusement philosophique sur le lan-
gage des bêtes; par le P. Bougeant.
Par. 1739. *in* 12.

41 Dictionnaire de Physique portatif;
par le P. Paulian. *Avignon*, 1758.
in 8. *fig.*

42 Dissertation Physique à l'occasion du
Negre-blanc; par de Maupertuis.
Leyde, 1744. *in* 12. *v. f. d. s. t.*

43 Entretiens Physiques du P. Regnault.

Paris, 1729. 3 vol. *in* 12.

44 Observations périodiques sur la Phyque, l'Histoire naturelle, & les Beaux-Arts; avec des planches imprimées en couleur; par Gautier. *Par.* 1756. *in* 4.

45 Œuvres & découvertes physiques de Gautier. *Par.* 1750. 2 *vol. in* 12.

HISTOIRE NATURELLE.

HISTOIRE NATURELLE UNIVERSELLE.

46 Dictionnaire portatif d'Histoire Naturelle. *Par.* 1763. 2 *vol. in* 8.

47 Caii Plinii secundi Historiæ Naturalis Libri XXXVII. cum comment. Joan. Harduini. *Par.* 1723. 3 *vol. in* fol. C. M. *v. f. t. f.*

48 Histoire Naturelle, générale & particuliere, avec la description du Cabinet du Roi; par MM. de Buffon & d'Aubenton. *Par. Impr. R.* 1749 & suiv. 9 *vol. in* 4.

49 Le Spectacle de la Nature; par Pluche. *Par.* 1736. 3 *vol. in* 12.

50 Caroli Linnæi Systema Naturæ. *Lugd. Bat.* 1756. *in* 8.

Histoire Naturelle des Minéraux, des Fossiles, des Pierres & Pierreries, & des Métaux.

51 Memorabilia Saxoniæ subterraneæ. *Lipsiæ*, 1709. *in* 4. *v. f.*

52 Mineralogie, ou nouvelle exposition du Regne Minéral; par Valmont de Bomare, *Par.* 1761. 2 *vol. in* 8.

53 Mémoire sur l'utilité, la nature & l'exploitation du Charbon Minéral, par de Tilly. *Par.* 1758. *in* 12.

54 De la fonte des Mines, des Fonderies, &c. traduit de l'Allemand de Christ. Schlutter, avec les observations de M. Hellot. *Par.* 1750. 2 *vol. in* 4.

55 L'Art des Mines, ou introduction aux connoissances nécessaires pour l'exploitation des Mines Métalliques; par Jean Gotlob Lehmann. *Par.* 1759. 3 *vol. in* 12. *fig.*

56 Lettres sur la Minéralogie & la Métallurgie pratiques, trad. de l'Angl. de Diederick Wessel-Linden. *Par.* 1752, *in* 12.

57 L'Histoire Naturelle éclaircie dans une de ses parties principales, la Conchyliologie, qui traite des Coquillages de Mer, de Riviere & de terre;

par M. Dezallier d'Argenville. *Par.*
1758. *in* 4 *fig. enlum. lav. & r. m. r.*

58 Essai sur l'Histoire Naturelle des Co-
rallines, & d'autres productions Marines du même genre ; par Jean Ellis.
La Haye, 1756. *in* 4. *fig. enlum. m. r.*

59 Essai sur l'Histoire Naturelle de la
Mer Adriatique ; par Vitaliano Do-
nati. *La Haye*, 1758. *in* 4. *fig. enlum.
mar. r.*

60 Dictionnaire Universel des Fossiles
propres & des Fossiles accidentels ;
par E. Bertrand. *La Haye*, 1763. *in* 8.

61 D'Argenville, Enumerationis Fossi-
lium, quæ in omnibus Galliæ Provin-
ciis reperiuntur. *Par.* 1751. *in* 8.

62 Ordre naturel des Oursins de Mer
& fossiles ; par Theod. Klein. *Par.*
1754. *in* 8. *fig.*

63 Aug. Scillæ de corporibus Marinis
lapidescentibus quæ defossa reperiuntur, addita dissertatione Fabii Columnæ. *Romæ,* 1752. *in* 4. *fig. C. M.*

64 De' Crostacis e degli Altri Marini
corpi che' si trovano su' monti, Libri
due di Anton. Lazzaro Moro. *Venezia,*
1711. *in* 4. *fig.*

65 Anselm. Boet. de Boot Gemmarum
& Lapidem Historia. *Lugd. Bat.* 1647.
in 8. *fig.*

66 Caspari Bauhini de Lapidis Bezaar.
Orient. & Occident. *Basileæ*, 1613,
in 8. *v. f. t. f.*

67 Lapides, ex celeberrimorum viro-
rum sententia Diluvii Universalis
Testes, quos in ordines ac species dis-
tribuit, suis coloribus exprimit; per
Georg. Wolffgang Knorr. *Norimberg.*
1755. *in fol. fig. C. M. br.*

68 Georg. Hier. Velschii. Dissertatio de
Ægagropilis. 1669. *in* 4. *fig. v. f. t. f.*

69 Traité des Pierres précieuses, & de
la maniere de les employer en parure;
par Pouget fils. *Par.* 1762. *in* 4. *br.*

70 Georgii Agricolæ de Re Metallica
Libri XII. *Basileæ*, 1757. *in fol. fig.*

71 Traité de l'Art Métallique; par Al-
vare-Alfonse Barba. *Par.* 1730. *in* 12.
fig.

72 Traité singulier de Métallique, trad.
de l'Espagnol de Perez de Vargas.
Par. 1743. 2 *vol. in* 12.

Traités de l'Agriculture & choses Rustiques.

73 La Théorie & la Pratique du Jardi-
nage; par Dezallier d'Argenville. *La
Haye*, 1739. *in* 4. *fig.*

74 Le Gentilhomme Cultivateur, ou

Corps complet d'Agriculture ; par M. Dupuy Demportes. *Par.* 1761. *2 vol.* *in* 4.

76 Ecole d'Agriculture. *Paris*, 1759. *in* 12.

77 Dictionnaire Œconomique; par Chomel. *Lyon*, 1709 & 1743. *3 vol. in fol.*

78 Traité de la culture des terres suivant les principes de M. Tull ; par M. Duhamel du Monceau. *Par.* 1753. *3 vol. in* 12. *fig.*

79 Traité des Arbes & Arbuftes qui fe cultivent en pleine terre; par le même. *Par.* 1755. *2 vol. in* 4. *fig.*

80 Traité de la confervation des grains, & en particulier du froment ; par le même. *Par.* 1754. *in* 12.

81 Traité fur la nature & fur la culture de la vigne ; par Bidet, revue par M. Duhamel. *Par.* 1759. *2 vol. in* 12.

82 Traité du Chanvre ; par M. Marcandier. *Par.* 1758. *in* 12.

83 Effais de la Société de Dublin ; trad. de l'Angl. par Thebault. *Par.* 1759. *in* 12.

Traités généraux fur la Botanique.

84 Caroli Linnæi Genera Plantarum. *Parif.* 1743. *in* 8. *fig.*

85 Anatomie des Plantes ; trad de l'Anglois par Grew. *Par.* 1675. *in* 12.

86 Aggregator de Plantis. *in* 8. *cum fig. depictis. v. f. t. f.*

87 Observations sur les Plantes & leur analogie avec les insectes ; par Bazin. *Strasbourg,* 1741. *in* 8.

HISTOIRE GENERALE DES PLANTES

88 Theophrasti de Historia Plantarum Libri X. Græce & Latine cum notis diversorum. *Amstel.* 1644. *in fol. fig.*

89 Matioli in Dioscoridem. *Venetiis Valgrisius,* 1565. *in fol. fig.*

90 Oth. Brunfelsii Herbarum vivæ Eicones ad Naturæ imitationem. *Argentorati,* 1530. *in fol. fig.*

91 Dalecampii Historia generalis Plantarum. *Lugd.* 1587. *2 vol. in fol. fig.*

92 Histoire des Plantes de Lion Fuschsius *Par.* 1549. *in* 8.

93 Joann. Raii Historia Plantarum generalis. *Londini,* 1693. *3 vol. in fol. fig.*

94 Joann. Bap. Morandi Historia Botanica practica seu Plantarum quæ ad usum Medicinæ pertinent. *Mediolani,* 1744. *in fol. fig.*

95 Casp. Commelini Præludia Botanica; quibus accedunt plantarum rariorum

&

& exoticarum in his præludiis recen-
sitarum Icones & descriptiones. *Lugd.
Bat.* 1703. *in* 4. *fig.*

96 Fabii Columnæ Phytobasanos : acced.
Vita Fabii & Lynceorum notitia, cum
ann. Jani Planei. *Mediolani,* 1754.
in 4. *fig,*

97 Jacob. Zanoni rariorum stirpium
Historia ex parte olim edita. *Bononiæ,*
1742. *in sol. fig.*

98 Abrah. Muntingii Phytographia cu-
riosa. *Amstel.* 1713. *in fol. fig.*

99 Les Plantes usuelles, au nombre de
252, dessin. & grav. d'après nature;
par Elizab. Blackwel. avec leurs des-
criptions, en Angl. *Londres,* 1739,
2 *vol. in fol. fig.*

100 Recherches sur l'usage des feuilles
dans les Plantes, & sur quelques autres sujets relatifs à l'Histoire de la
Végétation; par Charles Bonnet. *Leide,* 1754. *in* 4. *m. r. fig.*

*Histoire particuliere des Plantes de divers
Pays & de Jardins publics & particu-
liers.*

101 Casp. Commelini Horti Medici
Amstelæd. Plantæ rariores & exoticæ.
Lugd. Bat. 1706. *in* 4. *fig.*

102 Joan. Jac. Scheuchzeri Herbarium

Diluvianum collectum. *Lugd. Bat.*
1725, in fol. fig.

103 Joann. Dillenii Hortus Elthamensis
seu Plantarum rariorum descriptio.
Lond. 1732. *2 vol. in fol. C. M. v. f. t. f.*

104 Thesaurus Zeylanicus, exhibens
Plantas in insula Zeylana nascentes;
cura & studio J. Burmanni. *Amst.*
1737. *in 4. fig v. f. tr. f.*

105 Traité des Fougeres de l'Amérique;
par Charl. Plumier. *Par. Impr. R.*
1705. *in fol. gr. p.*

Histoire particuliere des Plantes, Herbes,
Fruits & Fleurs.

106 Phytanthoza Iconographia, sive consf
pectus aliquot millium Plantarum,
Arborum, Fructicum, Florum, Fruc-
tuum, Fungorum, &c; à Joann. Wein-
manno collectarum; vivis coloribus
& iconibus repræsentatæ per Scute-
rum, Ridingerum. *Ratisbonæ*, 1737,
1745. *4 vol. in fol. c. m.*

107 Everhard. Rumphii Herbarium Am-
boinense, complectens Arbores, Fruc-
tus, Herbas, Plantas quæ in Am-
boina & Insulis adjacentibus reperiuntur descriptas sensu earum formas,
&c. cum observat. Joan. Burmani.
Amstel. 1743. *4 vol. in fol.*

108 Ludov. Ferdinandi Marſilii Diſſertatio de generatione Fungorum. *Romæ*, 1714. *in fol. gr. p. fig.*

109 Jacobi Chr. Schaeffer Fungorum qui in Bavaria & Palatinatu circa Ratisbonam naſcuntur Icones nativis coloribus expreſſæ. *Ratisbonæ*, 1762. *in* 4. *C. M. br.*

110 The Flower - Garden Diſplay'd in above 400 curious repreſentations of the moſt Beautiful Flowers, engrav'd from the deſigns of M. Furber and coloured to the Life. *London*, 1732, *in* 4. *v. f. d. ſ. t.*

Hiſtoire générale & particuliere des Animaux.

111 Dictionnaire raiſonné & univerſel des Animaux, ou le Regne Animal : par Desbois de la Cheſnaye. *Paris*, 1749. 4 *vol. in* 4.

112 Æliani de Natura Animalium, Libri XVII. cum Animadverſionibus Gerardi Geſneri & Dan. Trilleri Curante Abr. Gronovio. *Londini*, 1744. 2 *vol. in* 4.

114 Conr. Geſneri Hiſtoria Animalium quadrupedum & aquatilium. *Tiguri*, 1558, 3 *vol. in fol. fig.*

115 Joann. Jonſtoni Hiſtoriæ Naturalis

de quadrupedibus, Avibus Libri VI.
Amftell. 1657. *2 vol. in fol. fig.*

116 Henr. Ruyfch Theatrum Univerfale
omnium Animalium Pifcium, Avium,
&c. *Amftell.* 1718. *2 vol. in fol.*

117 Syftême naturel du Regne Animal;
par Theod. Klein, traduit par Def-
bois. *Par.* 1754. *2 vol. in 8. fig.*

Hiftoire particuliere des Oifeaux.

118 Hiftoire Naturelle des Oifeaux,
ornée de 306 Eftampes qui les préfen-
tent au naturel, deffinées & gravées
par Eléazar Albin, & augmentée de
notes & remarques; par W. Derham,
trad de l'Angl. *La Haye,* 1750, *3 vol.
in 4. m. r. fig. enlum.*

119 Ornithologie, ou Méthode contenant la divifion des Oifeaux en ordres, fections, genres, efpeces, &
leurs variétés; par Briffon. *Par.* 1760.
& fuiv. 6 vol. in 4.

120 Repréfentation des Oifeaux en Allemagne; par Joh. Leon Frifch, en
Allemand. *Berlin,* 1733. *in fol. fig.*

121 Uccelliera overo difcorfo della Natura e proprietá di diverfi Uccelli, da
Gio. Pietro Olina; con figure di Tem-
pefta e di Villamena. *Roma,* 1622.
in 4. vel.

Histoire particuliere des Poissons.

122 Steph. à Schoneveld Ichthyologia
& nomenclaturæ Animalium Marino-
rum, Fluviatilium, La-cuftrium quæ
in Florentiffimis ducatibus Slefvici &
Holfatiæ occurrunt. *Hamburgi,* 1624.
in 4. *fig.*

123 Hiftoire des Poiffons ; par Guill.
Rondelet. *Lyon.* 1558. *in fol. fig.*

124 Marci Aurel. Severini Antiperipa-
tias, hoc eft, de refpiratione Pifcium
adversus Ariftoteleos ; de Pifcibus in
ficco viventibus, Comment. in Theo-
phraftum, Phoca illuftratus, & de
Radio Turturis Marini. *Amft.* 1661.
in fol.

125 Traité abrégé des Poiffons de la
grande & petite Marée, préfenté à
M. le Comte de Maurepas en 1738.
in 4 *Mff. fig. deffin. à la plume & lav.*
m. bl.

126 La fleuriffante & intéreffante ancienne & préfente Pêche de Groenland ; par Abraham Moubach, en Holland. *Amft.* 1728. *in* 4.

Histoire particuliere des Insectes.

127 Diverfité d'Animaux, de fleurs, de
fruits & d'infectes, deffinés d'après

Nature ; par W. Hollar. *Par. in* 4.
obl. fig. enlum. v. ec. t. f.

128 Mariæ Sibillæ Merian Erucarum
Ortus, alimentum & paradoxa à Me-
tamorphosis. *Amstel. in* 4. *cum fig.
depictis.*

129 Mariæ Sibyllæ Merian Metamor-
phosis Insectorum Surinamensium.
Amstellod. 1705. *in fol. cum fig. depictis*

130 Dissertation sur la génération & les
transformations des Insectes de Suri-
nam ; par Marie Sibille Merian. *La
Haye ,* 1725....Histoire des Insectes
de l'Europe ; par la même, traduite du
Hollandois en François par Jean Mar-
ret. *Amst.* 1730. 2 *vol. in fol. m.
r. avec dent. gr. p. les figures pein-
tes.*

132 Swammerdamii Biblia Naturæ ,
sive Historia Insectorum , Latine ex
Batavico conversa ; per Gaubium.
Leid. 1737. 2 *vol. in fol. C. M. v. e. c.
tr. f. fig.*

133 Mémoires pour servir à l'Histoire
des Insectes ; par de Reaumur. *Par.
Impr. R.* 1735 *& suiv.* 6 *vol. in* 4.

134 XII. Nouv. Dessins des Papillons
Anglois, dessinés par Wilkes , & gravés par Roberts. *in fol. fig.*

135 Le Gouvernement admirable, ou la République des Abeilles ; par J. Simon. *Par.* 1758. *in* 12. *fig.*

136 Mémoires pour servir à l'Histoire d'un genre de Polypes d'eau douce, à bras en forme de cornes ; par M. Trembley. *Par.* 1744. 2 *vol. in* 12.

137 Les mêmes. *Leide,* 1744. *in* 4. *fig.*

138 Traité Anatomique de la Chenile, qui ronge le bois de saule ; par Pierre Lyonet. *La Haye,* 1760. *in* 4. *fig.*

139 Philippi Bonanni Recreatio mentis & oculi in observatione Animalium Testaceorum curiosis Naturæ inspectoribus. *Romæ,* 1684. *in* 4. *fig. vel.*

140 Observations d'Histoire Naturelle faites avec le microscope ; par M. Joblot. *Par.* 1754. *in* 4. *fig.* 2 *tom.* 1 *vol.*

Histoire Naturelle de divers Pays.

140 * Histoire des singularités naturelles d'Angleterre, d'Ecosse & du Pays de Galles ; trad. de l'Angl. de Childrey. *Par.* 1667. *in* 12. *v. ec. t. f.*

141 Hist. Naturelle de l'Islande, du Groenland, du Détroit de Davis ; trad. de l'Allemand de M. Anderson. *Par.* 1754. 2 *vol. in* 12 *fig.*

142 Histoire Naturelle du Sénégal, par Adanson. *Par.* 1757. *in* 4. *fig.*

143 Pyritologie, ou Histoire Naturelle de la Pyrite ; par J. Fred. Henckel. *Par.* 1760. *2 vol. in* 4. *fig.*

144 Gulielmi Pisonis Historia Naturalis utriusque Indiæ. *Amstel. Elzev.* 1658. *in fol. fig.*

145 Ejusdem Historia Naturalis Brasiliæ. *Amstel. Elzev.* 1648. *in fol. fig.*

146 Histoire Naturelle & Morale des Isles Antilles de l'Amérique ; par de Rochefort. *Rotterd.* 1665. *in* 4.

147 Histoire Naturelle de Barbade ; par Griffith Hughes , en Angl. *Lond.* 1750. *in fol. fig. gr. p. v. f. t. f.*

148 Histoire Naturelle de la Caroline , la Floride , & les Isles Bahama, contenant les desseins des oiseaux , animaux, poissons, serpents, insectes & plantes ; par Marc Catesbi. *Lond.* 1731. *2 vol. in fol. fig. enlum. v. f. t. f.*

Mélanges d'Histoire Naturelle Secrets , Expériences , Prodiges & Collections , ou Cabinet de curiosités de la Nature & de l'Art.

149 Secreti diversi & Miracolosi , ne' quali si Mostra lavia facile di risanare tutte le infirmitá del corpo humano : del Gabr. Falloppia. *Venetia ,* 1563. *in* 8. *v. e. t. f.*

150 Levini Lemnii de Occultis Naturæ
Miraculis. *Anverp.* 1567. *in* 12.

151 Esperienze intorno a diverse cose
naturali fatte da Franc. Redi. *Napoli,*
1687. *in* 12.

152 Julii Obsequentis de Prodigiis liber:
cum annotationibus Joann. Schefferi.
Amstel. 1689. *in* 12.

153 Georg. Rumphii Thesaurus Imagi-
num, Piscium, Testaceorum. *Hagæ*
Comit. 1739. *in fol. v. f. t. f.*

154 Deliciæ Naturæ selectæ. *Nurinberg*
Knorr. 1754. *in fol. gr. p. fig. enlum. br.*

155 Description du Cabinet Royal de
Dresde, touchant l'Histoire Naturelle. *Dresde,* 1755. *in* 4. *gr. p. br.*

156 Catalogue raisonné de Coquilles &
autres curiosités naturelles; par Ger-
saint. *Par.* 1736. *in* 12.

Médecine, Anatomie & Chirurgie.

157 Dictionnaire Universel de Médecine, traduit de l'Anglois de M. Ja-
mes; par MM. Diderot, Eidous &
Toussaint. *Par.* 1746. *6 vol. in fol.*

158 Dictionnaire Médécinal; par J. G.
Par. 1757. *in* 12.

159 Le Medecine partinenti all' infer-
mita; per Gior. Marinello. *Venet.*
1616. *v. e. t. f.*

160 Mémoires sur la nature sensible &
irritable des parties du corps animal ;
par Alb. de Haller. *Laufane*, 1756.
in 12.

161 Traité des Fievres de l'Isle de S.
Domingue. *Par.* 1662. *in* 12.

162 Ostéo-graphie, ou description des os
de l'adulte, du fœtus, &c. par M.
Tarin. *Par.* 1758 ...Dictionn. Anatomique ; par le même. *Par.* 1753.....
Lettre à Monf. dans laquelle on dif-
cute divers points d'Astronomie-Pra-
tique ; par M. Bouguer. *Par.* 1754....
Traité de Perspective, théorique &
pratique ; par Deidier. *Par.* 1744.
in 4. *fig.*

163 La Génération de l'Homme ; par
Nic. Venette. *Hambourg*, 1751. 2
vol. in 12.

164 L'Art de faire des Garçons. *Montpel.*
in 12.

Pharmacie & Chymie.

165 Dictionn. Botanique & Pharmaceu-
tique. *Par.* 1759. *in* 12.

166 J. B. P. Martinenq Codex Medica-
mentarius feu Pharmacopœa Parifien-
fis. *Parif.* 1748. *in* 4.

167 Elémens de Pharmacie théorique &
pratique ; par Baumé. *Par.* 1762. *in* 8.

168 Histoire générale des Drogues ; par Pomet. *Par.* 1694. *in fol.*

169 Dictionn. Universel des Drogues simples ; par Lemery. *Par.* 1733. *in* 4.

170 Hermanni Boerhaave Elementa Chymiæ. *Lugd. Batav.* 1732. 2 *vol. in* 4.

171 Cours de Chymie ; par Lemery : nouvelle Edition, revue & corrigée par M. Baron. *Par.* 1756. *in* 4.

172 Introduction à la Chymie ; par Rothe, trad. de l'Allemand par J. L. Clausier. *Par.* 1741. *in* 12.

173 Leçons de Chymie ; par M. Shaw. *Par.* 1759. *in* 4.

174 Elémens de Chymie de Juncker, avec des notes : par de Machy. *Par.* 1757. *6 vol. in* 12.

174* Dictionnaire Mytho-Hermétique ; par Dom Ant. Jof. Pernety. *Par.* 1758. *in* 8.

Mathématiques, Arithmétique, Géométrie, Astronomie & Astrologie.

175 Mathématique universelle, abrégée à l'usage & à la portée de tout le monde ; par le P. Castel. *Par.* 1728. *in* 4.

176 Elémens d'Euclide du P. Dechalles ;

& de Ozanam, par Audierne. *Par.* 1753. *in* 12. *fig.*

177 Recherches fur différens points importans du Syftême du Monde ; par M. d'Alembert. *Par.* 1754. *in* 4.

178 Elémens d'Aftronomie ; par M. Caffini. *Par.* 1740. 2 *vol in* 4. *fig.*

179 Penfées fur la Comete ; par Pierre Bayle. *Rotterd.* 1721. 4 *vol. in* 12.

180 Connoiffance des Tems depuis 1730 jufqu'à 1763 ; par Godin, Maraldi & de Lalande. *Par.* 1730 & *fuiv.* 34 *vol. in* 12.

181 Etat du Ciel, les années 1754, 55, 56 & 57. par Pingré. *Par.* 1754. 4. *vol. in* 12.

Gnomonique, Hydrographie & *Méchanique.*

183 Effai fur l'Horlogerie ; par Ferdin. Berthoud. *Par.* 1763. 2 *vol. in* 4. *fig.*

184 Dictionnaire de Marine, contenant les termes de la Navigation & de l'Architecture Navale ; par Aubin. *Amft.* 1702. *in* 4. *fig.*

185 Nouvelle Théorie de la manœuvre des Vaiffeaux, à la portée des Pilotes ; par Saverien. *Par.* 1745. *in* 12. *fig.*

186 Architecture hydraulique, ou l'Art de conduire, d'élever, & de ménager

ger

ger les Eaux ; par Belidor. *Par.* 1737.
2 *vol. in* 4. *gr. p. fig.*

A R T S.

Architecture.

187 Nouv. Livre des V. Ordres d'Architecture ; par Jacq. Barozzio de Vigno-
le. *Par. in fol. br. fig.*
188 Caminologie, ou Traité des Che-
minées. *Dijon*, 1756. *in* 12.

Art Militaire.

189 Art de la Guerre, par principes &
par regles, par le Maréchal de Puise-
gur. *Par.* 1748. 2 *tom.* 1 *vol. in fol.*
gr. p.
190 Exercice de l'Infanterie Françoise,
gravé par Baudouin. *Par.* 1757. *in fol.*
gr. p. br.
191 Détails Militaires ; par M. de Che-
neviere. *Par.* 1742. 2 *vol. in* 12.
192 Architecture Militaire, ou l'Art de
fortifier. *La Haye*, 1741. 2 *vol. in* 4.
193 De l'Attaque & de la Défense des
Places ; par de Vauban. *La Haye*,
1737. *in* 4. *v. f.*

Art Pyrotechnique, ou du Feu ; Art de la Verrerie, &c.

194 Traité de l'Artillerie, ou des Armes & Machines en usage à la Guerre ; par le Blond. *Par.* 1745. *3 vol. in* 8.

195 Mémoires d'Artillerie ; par Surirey de Saint-Remy. *Par.* 1745. *3 vol. in* 4.

196 Art de la Verrerie de Neri, Merret & Kunckel, trad. de l'Allemand ; par le Baron d'Holbach. *Par.* 1752. *in* 4. *gr. p. v. f. fig.*

Art Gymnastique.

197 Le parfait Marechal ; par Garsault. *Par.* 1736. *in* 4.

198 Elémens d'Hippiatrique, ou nouv. principes sur la connoissance & sur la Médecine des Chevaux ; par Bourgelat. *Lyon*, 1750. *3 vol. in* 12.

199 Nouv. Traité de Venerie, contenant la chasse du Cerf, celles du Chevreuil, du Sanglier, du Loup & du Renard. *Par.* 1750. *in* 8. *fig.*

200 L'Ecole de la Chasse aux chiens courans ; par M. le Vervier de la Conterie. *Rouen*, 1763. *2 vol. in* 8. *fig. br.*

BELLES-LETTRES.

Grammaires & Dictionnaires des Langues Latine, Italienne & Angloise.

201 ROBERTI Stephani Thesaurus Linguæ Latinæ. *Basileæ*, 1740. 4 *vol. in fol.*

202 Glossarium ad Scriptores Mediæ & Infimæ Latinitatis Caroli Dufresne Ducange (edente Petro Carpentier). *Paris.* 1736. 6 *vol. in fol. C. M.*

203 Diction. Italien, Latin & François; par l'Abbé Antonini. *Par.* 1735. *in 4.*

204 Nouvelle Grammaire Angloise; par Rogissard. *La Haye*, 1738. *in 12.*

205 Grammaire Angloise; par Cl. Mauger. *Rouen*, 1722. *in 12.*

206 Dictionary of the English. Language by Sam. Johson. *London*, 1756. 2 *vol. in* 8. *v. ec. t. f.*

207 Dictionnaire Anglois & François; par Boyer. 1751. 2 *vol. in* 8.

208 Dictionnaire de la Prononciation Angloise, par M. O Reilly. *Paris*, 1756. *in* 8.

Orateurs, Poëtes Grecs & Latins.

209 Traduction du Traité de l'Orateur
de Ciceron, avec des Notes; par l'Abbé
Colin. *Par.* 1737. *in* 12.

210 Tableaux tirés de l'Iliade, de l'O-
dyssée d'Homere & de l'Enéïde de Vir-
gile; par M. le Comte de Caylus. *Par.*
1757. *in* 8.

211 Des causes de la corruption du
goût; par Mad. Dacier. *La Haye,*
1735. *in* 12.

212 Q. Horatii Flacci Opera. *Paris. Bar-
bou,* 1763. *in* 12. *br.*

213 Les Poësies d'Horace; par le P. Sa-
nadon. *Par.* 1727. 2 *vol. in* 4.

214 Publii Ovidii Nasonis Opera. *Amstellod. Elzev.* 1676. 3 *vol. in* 18.

215 Les Métamorphoses d'Ovide en
Latin & en François; par Pierre du
Ryer, avec les figures gravées par
Clowet, sur les desseins de Diepen-
beck. *Bruxelles,* 1677. *in fol. m. avec
dent.*

216 La Callipédie, trad. du Poëme Latin de Claude Quillet (par d'Egly).
Par. 1749. *in* 12. *v. f. d. f. t.*

Poëtes François.

217 Œuv. de Clément Marot, avec les

observations critiques de l'Abbé Lenglet du Fresnoy. *La Haye*, 1731. 6 *vol. in* 12. *v. f.*

218 Œuvres de Chaulieu. *Par.* 1757. 2 *vol. in* 12.

219 Œuvres diverses de Rousseau. *Amst.* 1729. 3 *vol. in* 12.

220 S. Louis, ou la sainte Couronne reconquise, Poëme héroïque; par le P. le Moine. *Par.* 1666. *in* 12.

221 L'Art de Peindre, Poëme; par M. Watelet. *Par.* 1760. *in* 4. *gr. p. m. r.*

222 Recueil général des Opéra. *Par.* 1730. 16 *vol. in* 12.

223 Théâtre François, ou Recueil des meilleures Pieces de Théâtre; par les freres Parfaict. *Par.* 1737. 11 *vol. in* 12.

224 Le Théâtre de P. Corneille. *Amst.* 1723. 6 *vol. in* 12. *v. f.*

225 Œuvres de Moliere avec figures. *Par.* 1734. 6 *vol. in* 4. *v. f. d. s. t.*

226 Nouv. Théâtre François. François II. Roi de France, en V. Actes; par M. le Président Hénault. 1747. *in* 8.

227 Le Fils Naturel, ou les Epreuves de la Vertu, Comédie; par M. Diderot. *Amst.* 1757. *in* 8. *br.*

Poëtes Italiens.

228 Il Goffredo Overo la Gierufalemme liberata di Torquato Taffo. *Parigi nella Stamperia Reale*, 1644. *in* 4.

229 La Medefima. *Parigi*, 1744. 2 *vol. in* 12. *v. f. t. f.*

230 Rime dé piu illuftri Poeti Italiani fcelte dall' Abbate Antonini. *Parigi*, 1739. 2 *vol. in* 12.

ROMANS.

231 Il Philocopo di Giovanni Boccacio du Tizzone Gaetano. *Venegia*, 1538. *in* 8. *v. f.*

232 Les Aventures d'Ariftée & Telafie, Hift. galante & héroïque ; par du Caftre d'Auvigny. *Par.* 1731. 2 *vol. in* 12.

233 Les Voyages de Cyrus ; par Ramfay. *Par.* 1727. 2 *vol. in* 12.

234 La Nouvelle Cyropédie , ou les Voyages de Cyrus ; par Ramfay. *Edinbourg*, en Angl. & Franc. *in* 8. *v. f. t. f.*

235 Du vrai & parfait Amour ; par Athenagoras. *Par.* 1612. *in* 12. *v. f.*

236 Le Temple de Gnide ; par Montefquieu. *Londres* . . . Silvie ; par M. Watelet. *Lond.* 1743. . . . . Chronique des

Rois d'Angleterre ; par Ben Saddi.
Lond. 1743. .... Hiſtoire des Rats ;
par M. de Sigrais. *Ratopolis ,* 1737.
in 8. *fig.*

237 Hiſtoire Amoureuſe des Gaules ; par
le Comte de Buſſy Rabutin. *Cologne ,*
1731. 2 *vol. in* 12.

238 Le Siege de Calais ; par M. de Pont-
deveyle. *La Haye ,* 1739. 2 *vol.*
in 12.

239 Les Aventures de Télémaque ; par
de la Motte Fenelon , trad. du Franç.
en Angl. par des Maizeaux. *Londres ,*
1757. 2 *vol. in* 12.

240 Clariſſa or the Hiſtory of à Young
Lady. *London ,* 1702. 6 *vol. in* 12.

241 The Hiſtory of Tom-Jones a Found-
ling ; by Henry Fielding. *London ,*
1750 , 4 *vol. in* 12.

242 Amélie , Roman de M. Fielding ,
trad. de l'Anglois , par Mad. Riccobo-
ni. *Par.* 1762. 2 *vol. in* 12.

243 Hiſtoire de Jonathan Wild le Grand,
trad. de l'Anglois de M. Fielding ; par
M. Picquet. *Par.* 1763. 2 *vol. in* 12.
broc.

244 Némoires du Chevalier de Berville,
ou les deux Amis retirés du Monde ;
par M. Lhec. *Par.* 1763. 2 *vol.. in* 12.
broch.

245 Mémoirs of Lætitia Pilkington. *Dublin*, 1749. 2 *vol. in* 12.

Poésie Prosaïque, Facéties & Collections de nouvelles.

246 Nugæ Venales sive Thesaurus ridendi & Jocandi. *Holland.* 1689. *in* 12.

247 Œuvres de Franç. Rabelais, avec les Notes de le Duchat. *Amst.* 1732. 5 *vol. in* 8.

248 Les mêmes Œuvres. 1722. *6 vol. in* 8.

249 Il Decamerone di Giovanni Boccacio. *Amst.* 1665. *in* 12.

250 Contes Moraux ; par M. Marmontel. *Par.* 1761. 2 *vol. in* 12.

251 Conte Moral par M. Crebillon. *Gaznah*, 1520. 2 *vol. in* 12.

Philologues, Critiques & Satyres.

252 Essai sur le Beau ; par le P. André. *Par.* 1741. *in* 12.

253 Le Chef-d'œuvre d'un Inconnu ; par Mathanasius. *La Haye*, 1714. *in* 12.

254 Le Conte du Tonneau ; par Swift. *La Haye*, 1732. 2 *vol. in* 12. *fig.*

255 L'Eloge de la Folie ; par Erasme, trad. par Guedeville. *Amst.* 1745. *in* 12.

256 L'Orvietano per Gli Hoggidiani. *Parigi*, 1641. *in* 12. *v. ec. t. f.*

Polygraphes.

257 Lucien, de la traduction de M. Perrot d'Ablancourt. *Par.* 1733. 3 *vol. in* 12.

258 Œuvres de Saint Evremond. *Londres*, 1740. 7 *vol. in* 12.

259 Œuvres de l'Abbé de Saint-Réal. *Amst.* 1740. 6 *vol. in* 12.

260 Œuvres de Mad. de Villedieu. *Par.* 1741. 12 *vol. in* 12.

261 Les Œuvres de la Motte Houdar. *Par.* 1730. 2 *vol. in* 8.

262 Les mêmes. *Par.* 1754. 11 *vol. in* 12.

263 Œuvres de M. de Voltaire. *Lond.* 1751. 13 *vol. in* 12.

264 Œuvres d'Alexis Piron. *Par.* 1758. 3 *vol. in* 12. *fig. v. ec.*

265 Œuvres de Riviere du Fresny. *Par.* 1731. 4 *vol. in* 12.

266 Prose & Rime di Giovanni della Casa reveduta, & corretta per l'Abbate Antonini. *Parigi*, 1727. *in* 12. *v. éc. t. f.*

267 The Works of Alexandre Pope Together With the commentary and no-

tes of Warburton. *London*, 1757. 9
vol. in 8.

268 Œuvres diverſes de Pope. *Amſt.*
1749. *2 vol. in* 12. *m. r.*

269 Les mêmes. 1754. 7 *vol. in* 12.

270 Le Nouvel Abaillard , ou Lettres
d'un Singe au Docteur Abadolfs, trad.
de l'Allemand. *Par.* 1763. *in* 12.

Dialogues & Epiſtolaires.

271 Dialogo de' Givochi che nelle Veg-
ghie Saneſi ſi uſano di Fare. *Venetia*,
1609. *in* 8. *mar.*

272 Dialogues of the Dead. *Lond.* 1760.
in 8.

273 Les Lettres de Roger de Rabutin ,
Comte de Buſſy. *Par.* 1720. 4 *vol.*
in 12.

274 Lettres de Ninon de l'Enclos au
Marquis de Sevigné. *Amſt.* 1750. 2
vol. in 12.

275 Les mêmes. *Amſt.* 1757. 2 *vol.*
in 12.

HISTOIRE.

Introduction & Traités sur l'Histoire, &c.

277 Pratique de la Mémoire artificielle pour apprendre & pour retenir l'Hist. & la Chronologie universelle ; par le P. Buffier. *Par.* 1724. *3 vol. in* 12.

278 Les Elémens de l'Histoire ; par de Vallemont. *Par.* 1700. *3 vol. in* 12.

Géographie & Voyages.

280 Atlas Historique, ou nouvelle Introduction à l'Histoire, à la Chronologie & à la Géographie ancienne & moderne ; par Gueudeville. *Amst.* 1713. *7 vol. in fol. gr. p. m. r.*

281 Atlas Géographique, contenant treize cent quatre-vingt dix-huit Cartes, collection faite par le Chev. Beaurain. *16 vol. in fol.*

282 Atlas Topographique & Militaire ; qui comprend les Etats de la Couronne de Bohême & la Saxe ; par Julien. 1758. *in* 4.

283 Description du Danube, contenant

des obſervations géographiques, aſ-
tronomiques, hydrographiques, hiſ-
toriques & phyſiques; par le Comte
de Marſigli. *La Haye*, 1744. *6 vol.*
in fol. fig. gr. p. v. éc. t. f.

284 Dictionnaire Géographique portatif; par Voſgien. *Par.* 1749. *in 8.*

285 Dictionnaire Hiſtorique portatif de
la Géographie ſacrée ancienne & moderne. *Par.* 1759. *in 8.*

286 De l'utilité des Voyages, & de l'a-
vantage que la recherche des Antiquités procure aux Savans; par Bau-
delot de Dairval. *Rouen*, 1727. *2 vol.*
in 12.

287 Nouv. Voyage autour du Monde;
par Guill. Dampier. *Amſt.* 1701. *5*
vol. in 12.

288 Voyage du tour du Monde, trad.
de l'Italien de Gemelli Carreri. *Par.*
1727. *6 vol. in 12.*

289 Voyage autour du Monde; par Ro-
gers. *Amſt.* 1716. *2 vol. in 12. fig.*

290 Relation d'un Voyage du Pole Arc-
tique au Pole Antarctique, par le cen-
tre du Monde. *Amſt.* 1721. *in 12. fig.*

291 Voyage en France, en Italie, & aux
Iſles de l'Archipel, trad. de l'Angl.
par M. de Puiſieux. *Par.* 1763. *4 vol.*
in-12.

293 Recueil de Voyages au Nord. *Rouen*, 1716. *6 vol. in* 12.

294 Relation d'un Voyage du Levant, fait par l'ordre du Roi par Pitton de Tournefort. *Paris, Impr. R.* 1717. 2 *vol. in* 4. *fig.*

295 Voyages du Chevalier Chardin en Perse, & autres lieux de l'Orient. *Amst.* 1711. 3 *vol. in* 4. *fig.*

296 Voyages de la Motraye en Europe, Asie & Afrique. *La Haye,* 1727. 3 *vol. in fol. gr. p.*

297 Voyages de Corn. le Brun par la Moscovie, en Perse, & aux Indes Orientales. *Amst.* 1718. 2 *vol. in fol.*

298 Viaggi di Pietro della Valle il Pellegrino, descritti da lui Medesimo in Lettere familiari. *Venetia,* 1664. *in* 12.

299 Relation du Voyage de la Mer du Sud; par Frezier. *Par.* 1732 *in* 4.

Chronologie & Histoire Universelle.

300 Nouvelles Tables Historiques dressées par ordre du Roi pour l'usage de Mgr le Dauphin par J. Rou. *in fol. gr. p.*

301 Le grand Théâtre Historique, ou nouvelle Histoire Universelle tant sacrée que profane, depuis la création du Monde jusqu'au commencement

du dix-neuvieme siecle ; par Gueudeville. *Leide* , 1703. 5 *tom.* 3 *vol. in
fol. gr. p.*

302 Histoire Universelle depuis le commencement du monde jusqu'à présent,
trad. de l'Angl. d'une Société de gens
de Lettres. *Amst.* 1747 *& suiv.* 20 *vol.
in* 4.

303 Anecdotes Historiq. Militaires &
Politiq. de l'Europe ; par l'Abbé Ray-
nal. *Amst.* 1753. 2 *vol. in* 12. *v. f.*

304 Introduction à l'Hist. Générale &
Politiq. de l'Univers ; par de Puffen-
dorf, & continuée par Bruzen de la
Martiniere. *Amst.* 1743. 10 *vol. in* 12.

305 Histoire des Conjurations, Cons-
pirations & Révolutions célebres, tant
anciennes que modernes ; par Du-
port du Tertre. *Par.* 1754. 6 *vol.
in* 12.

306 Histoire Générale, Civile, Naturelle, Politique & Religieuse de tous
les Peuples du Monde ; par M. Lam-
bert. *Par.* 1750. 15 *vol. in* 12.

Histoire des Papes.

307 Histoire des Conclaves depuis Clément V. jusqu'à présent. *Cologne,*
1703. 2 *vol. in* 12.

Histoire des Hérésies & des Hérétiques.

309 Œuvres de Louis Maimbourg. *Par.*
1680. 24 *vol. in* 12. *v. f.*

310 Histoire de l'Edit de Nantes. *Delft.*
1693. 5 *vol. in* 4.

Histoire Ancienne, Grecque & Romaine.

311 Histoire Ancienne des Egyptiens,
des Carthaginois, des Assyriens, &c.
par Rollin. *Par.* 1740. 14 *vol. in* 12.

312 Quinte-Curce de la vie & des ac-
tions d'Alexandre le Grand, trad. par
Vaugelas. *Par.* 1659. *in* 4.

313 Opere di Cornelio Tacito tradotte
da Bernardo Davanzati. *Parigi,* 1760.
2 *vol. in* 12. *v. éc.*

314 Histoire de la Vie de Jules Céfar,
par M. de Bury. *Par.* 1758. 2 *vol.
in* 12.

315 Vie de l'Empereur Julien ; par de
la Bleterie. *Par.* 1735. 2 *vol. in* 12.

316 Histoire de Jean de Brienne, Roi
de Jerufalem & Empereur de Conftan-
tinople. *Par.* 1727. *in* 12.

Histoire d'Italie.

317 Nouveau Théâtre d'Italie, ou Defcription exacte de fes Villes, Palais,

Eglises, &c. *Amst.* 1704. 4 *vol. in fol. gr. p. vel. d. s. t.*

318 Histoire des Guerres d'Italie, traduite de l'Italien de François Guichardin. *Londres,* 1738. 3 *vol. in* 4. *gr. p. v. éc. tr. f.*

319 Histoire raisonnée des premiers siecles de Rome depuis la fondation jusqu'à la République ; par Palissot de Montenoy. *Lond.* 1756. *in* 12.

320 Roma Sotteranea ; di Antonio Bosio. *Roma,* 1632. *in fol. gr. p.*

321 Joann. Bapt. de Cavalleriis Antiquarum Statuarum urbis Romæ delineatio, 1585. *in* 4.

322 Ædificiorum Urbis Romæ descripcriptio. 1569. *in* 4.

323 Sito, & Antichitá della Cittá di Pozzuolo, e del suo amenissimo distretto per Scipione Mazzella. *Napoli,* 1596. 8.

324 Descrittione de i Luoghi Antiqui di Napoli e del suo amenissimo distretto ; per Bened. di Falco. *Napoli.* 1580. *in* 12.

Histoire de France.

325 Les Œuvres d'Etienne Pasquier, contenant ses recherches de la France, &c. *Amst.* 1723. 2 *vol. in fol.*

326 Histoire de France ; par de Corde-

moy. *Par.* 1685. 2 *vol in fol. gr. pap. m. r.*

327 Abregé Chronologique, ou extrait de l'Hiftoire de France; par Mezeray. *Par.* 1690. 3 *vol. in* 4.

328 Nouv. Abregé Chronologique de l'Hift. de France; par le Préfid. Hénault. *Par.* 1752. *in* 4. *v. éc. d. f. t.*

329 Hiftoire de Jean de Boucicault, Maréchal de France; par Theod. Godefroy. *Par.* 1620. *in* 4.

340 Hiftoire de Charles VI, Roi de France; par l'Abbé de Choify. *Paris,* 1695. *in* 4.

341 Les principaux événemens & faits de Guerre avenus entre les Catholiques & les Proteftans, depuis 1559 jufqu'en 1570, repréfentés en Tableaux gravés en bois; par Periffin & Tortorel. *in fol.*

342 Hift. Univerfelle de Jacq. Aug. de Thou, depuis 1543 jufqu'en 1607. trad. par l'Abbé Desfontaines, Charles le Beau & autres. *Londres (Paris),* 1734. 16 *vol. in* 4. *gr. p. v. éc. tr. f.*

343 Mémoires de Maximilien de Béthune, Duc de Sully; par l'Abbé de l'Ecluse. *Londres,* 1745. 3 *vol. in* 4.

345 Lettres du Cardinal d'Offat. *Par.* 1641. *in fol.*

346 Relation du Siege de Grave en 1677, & de celui de Mayence en 1689. *Par.* 1756. *in* 12.

347 Histoire & Négociations qui précé-derent le Traité de Westphalie; par le P. Bougeant. *Par.* 1751. *6 vol. in* 12.

348 Hist. du Regne de Louis XIV. par de Limiers. *Rotterd.* 1720. *3 vol. in* 4.

349 Histoire du Roi Louis le Grand; par le P. Menestrier. *Par.* 1693. *in fol.*

350 Histoire du Regne de Louis le Grand par les Médailles. *in* 4.

351 Campagne de M. le Maréchal Duc de Noailles, en Allemagne, en 1743. *Amst.* 2 *vol. in* 12. *v. éc.*

Histoire des Provinces & Villes de France.

352 Description de Paris, de Versailles, de S. Cloud, &c. par Piganiol de la Force. *Par.* 1742. *8 vol. in* 12.

353 Description Géographique & His-torique de la Haute Normandie; par Dom Duplessis. *Par.* 1740. *2 vol. in* 4.

354 Histoire de la Ville de Rouen; par F. Farin. *Rouen,* 1738 *2 vol. in* 4.

355 Histoire Civile & Ecclesiastique du Comté d'Evreux; par le Brasseur. *Par.* 1722. *in* 4.

356 Histoire de Melun; par Sebastien

Roulliard. *Par.* 1628. *in* 4.

357 Recueil des Privileges de la Ville &
Mairie d'Angers ; par Robert. *An-*
gers , 1747. *in* 4. *mar. r.*

358 Recueil des Titres & autres Pieces
autentiques concernant les Privileges
& Franchifes du Franc - Lyonnois.
Lyon , 1717. *in* 4.

359 Traité de la Noblefſe des Capitouls
de Touloufe ; par de la Faille. *Tou-*
loufe , 1707. *in* 4.

360 Hiftoire Eccléſiaftique & Civile de
la Ville & Diocèfe de Carcaſſonne ;
par le R. P. Bouges. *Par.* 1741. *in* 4.

361 Hiftoire de la Province d'Alface ;
par Louis Laguille. *Strasbourg* , 1727.
2 *vol. in* 12.

Hiftoire d'Allemagne , Pays-Bas , Hol-
lande & Angleterre.

362 Hiftoire Générale d'Allemagne ;
par le P. Barre *Par.* 1748. *& fuiv.* 11
vol. in 4. *gr. pap. v. éc. t. f.*

363 Délices du Brabant & de fes Campa-
gnes ; par de Cantillon. *Amft.* 1757.
4. *tom.* 2 *vol. in* 8. *fig.*

364 Hiftoire Militaire du Prince Eugene
de Savoye ; par Dumont. *La Haye* ,
1729. 3 *vol. in fol. gr. p. fig. v. éc. t. f.*

365 Hiftoire du fameux Port & Ville

Négociante d'Enkhuifon ; par Ger.
Brandt en Hollandois. *Hoorn.* 1744.
in 4. *fig.*

366 Annales d'Efpagne & de Portugal ;
par Don Juan Alvarez de Colmenar.
Amft. 1741. 4 *vol. in* 4.

367 Hiftoire Générale d'Efpagne , traduite de l'Efpagnol de Jean de Fer-
reras , avec des notes ; par d'Hermil-
ly. *Par.* 1751. 10 *vol. in* 4. *v. éc. t. f.*

368 Hiftoire des Révolutions d'Efpagne;
par l'Abbé de Veyrac. *Par.* 1724. 5
vol. in 12.

369 La Vie de Philippe II , Roi d'Efpagne , trad. de l'Italien de Greg. Leti.
Amft. 1734. 6 *vol. in* 12.

370 Della Congiura de i Miniftri del
Re di Spagna contro Citta di Meffina
racconto Iftorico ; del Giov. Baptifta
Romano. *Meffina ,* 1676. 4 *vol.*
in 4.

371 The Hiftory of England , from the
invafion of Julius Cæfar to the accef-
fion of Henry VII. by David Hume.
London. 1762. 4 *vol. in* 4. *br.*

Hiftoire des Pays hors de l'Europe.

372 Hiftoire Générale des Huns, des
Turcs , des Mogols & des autres Tar-

tares occidentaux ; par M. de Guignes.
Par. 1756. 5 *vol. in* 4.

373 Hiftoire des Révolutions de Perfe.
Par. 1742. 2 *vol. in* 12.

374 Defcription de l'Ifle Formofa en
Afie ; par George Pfalmanaazaar.
Amft. 1705. *in* 12. *fig.*

375 Nouvel Atlas de la Chine , de la
Tartarie Chinoife & du Thibet. *La
Haye*, 1737. *in fol. gr. p. br.*

376 Deffeins des Edifices , Meubles ,
Habits , Machines & Uftenfiles des
Chinois, gravés par Chambers. *Lond.*
1757. *in fol. fig. gr. p.*

377 Lettres de M. de Mairan au R. P.
Parrenin , contenant diverfes quef-
tions fur la Chine. *Par.* 1759. *in* 12.

378 Relation Univerfelle de l'Afrique
ancienne & moderne ; par de la Croix.
Par. 1688. 4 *vol. in* 12.

379 Hiftoire de la Grande Ifle Madagaf-
car ; par de Flacourt. *Par.* 1661. *in* 4.
fig.

380 Hiftoire Générale des Antilles ; par
le P. du Tertre. *Par.* 1667. 2 *vol.
in* 4.

Généalogie.

381 Hiftoire Généalogique , Chronologique de la Maifon Royale de France ,

des grands Officiers de la Couronne
& de la Maison du Roi ; par le P. An-
felme. *Par.* 1726 & *fuiv.* 6 *vol. in fol.
gr. p.*

382 Extrait de la Généalogie de la Maifon de Mailly. *Par.* 1757. *in fol.*

Antiquités.

383 L'Antiquité expliquée & repréfen-
tée en figures ; par Dom. Bern. de
Montfaucon. *Par.* 1719 & 1724. 15
vol. in fol. gr. p. v. f. t. f.

384 Recueil d'Antiquités Egyptiennes,
Etrufques, Grecques & Romaines ;
par le Comte de Caylus. *Paris,* 1752.
2 *vol. in.* 4.

385 Explication de plufieurs Antiquités
recueillies ; par P. Petau. *Amft.* 1757.
in 4. *fig.*

386 Recueil des Pierres gravées Antiques ; par Mariette. *Par.* 1732. 2 *vol.
in* 4.

387 Traité des Pierres gravées du Cabinet du Roi , par le même. *Par.* 1750.
2 *vol. in fol. d. f. t.*

388 Le Gemme Antiche figurate di
Leonardo Agoftini. *Romæ,* 1686. 2
tom. 1 *vol. in* 4. *fig.*

389 Le Gemme Antiche Figurate di Mi-

chel Angelo Caufeo de la Chauffe. *Roma* , 1700. *in* 4. *fig.*

390 Muſeum Odeſcalcum , ſive Theſau-rus Gemmarum quæ à Ser. Chriſtina Suecorum Reg. Collectæ in Muſeo Odeſcalco adſervantur , & à Pet. Bar-tolo quondam inciſæ. *Romæ ,* 1751. 2 *vol. in fol.*

391 Muſeum Cartonenſe, in quo vetera Monumenta complectuntur in pluri-mis Tabulis æreis diſtributum , & à Franc. Valeſio Ant. Gorio notis il-luſtratum. *Romæ ,* 1750. *in fol.*

HISTOIRE LITTERAIRE.

Hiſtoire des Sciences , Arts & des Académies.

392 Hiſtoire & Mémoires de l'Acadé-mie Royale des Sciences , depuis 1666 juſqu'à 1698 incluſiv. *Paris ,* 1733 & *ſuiv.* 11 *tom.* 14 *vol. in* 4.

393 Suite des mêmes depuis 1699 juſ-qu'en 1755. *Par.* 1718 & *ſuiv.* 60 *vol. in* 4.

394 Machines & inventions approuvées par l'Académie, &c. avec leur deſ-cription ; par Godin, deſſinées & pu-bliées par Gallon. *Par.* 1755. 6 *vol. in* 4.

395 Table Alphabétique des Matieres contenues dans l'Histoire & les Mémoires de l'Académie des Sciences, &c. jusqu'à 1740. par Louis Godin & M. Demours. *Par.* 1729 *& suiv.* 5 *vol. in* 4.

396 Mémoires de Mathématique & de Physique, présentés à l'Académie Royale des Sciences. *Par.* 1750. 2 *vol. in* 4.

397 Journal des Observations Physiques, Mathématiques & Botaniques ; par Louis Feuillée. *Par.* 1714. 2 *vol. in* 4. *fig.*

398 Observations Mathématiques, Astronomiques, Géographiques, Chronologiques & Physiques ; par le P. Souciet. *Par.* 1729. 3 *vol. in* 4. *fig.*

Bibliographes Périodiques & Journaux Littéraires.

399 Journal des Savans par de Sallo, & autres, depuis 1665 jusqu'à 1754. *Par.* 1665 *& suiv.* 78. *vol. in* 4.

400 Table Générale des Matieres contenues dans le Journal des Savans, depuis 1665 jusqu'en 1750 ; par André Declaustre. *Par.* 1753. 8 *vol. in* 4.

401 Bibliotheque choisie; par Jean le Clerc. *Amst.* 1712 *& suiv.* 27 *vol. in* 12.

402 Bibliotheca Italiana O sia notizia de Libri rari nella Lingua Italiana. *Venezia*, 1728. *in* 4. *vel.*

403 Le Nouvelliste du Parnasse , ou Réflexions sur les Ouvrages nouveaux ; par Desfontaines. *Par.* 1731. 3 *vol. in* 12.

404 Observations sur la Littérature Moderne ; par l'Abbé de la Porte. *Par.* 1752. 9 *vol. in* 12.

405 Lettres sur quelques Ecrits de ce tems ; par Fréron. *Geneve* , 1749. 12 *vol. in* 12.

405 * L'Année Littéraire , ou suite des Lettres sur quelques Ecrits de ce tems ; depuis 1754 jusqu'à 1762 , par le même. *Amst. Paris*, 70 *vol. in* 12.

406 Journal Etranger , depuis Avril 1754 jusqu'à Avril 1758. *Par.* 1754. 29 *vol. in* 12.

Vies des Hommes Illustres , &c.

407 Les Portraits des Hommes Illustres François ; par de la Colombiere. *Par.* 1657. *in fol. gr. p.*

E

408 Dictionnaire Historique & Criti-
que; par Pierre Bayle. *Amst.* 1730.
4 vol. in fol. v. éc. t. f.

F I N.

Les Livres seront exposés dans l'ordre
qui suit.

Lundi, 16 Juillet 1764.

Théologie, n. 1. jusq. 5.
Sciences & Arts, n. 18. jusq. 62.
Belles-Lettres, n. 201. jusq. 219.
Histoire, n. 277. jusq. 310.

Mardi 17.

Théologie, n. 6. jusq. 9.
Sciences & Arts, n. 63. jusq. 110.
Belles-Lettres, n. 220. jusq. 238.
Histoire, n. 311. jusq. 351.

Mercredi 18.

Jurisprudence, n. 10. jusq. 13.
Sciences & Arts, n. 111. jusq. 156.
Belles-Lettres, n. 239. 256.
Histoire, n. 352. jus. 382.

Jeudi 19.

Jurisprudence, n. 14. jusq. 17.
Sciences & Arts, n. 157. jusq. 200.
Belles-Lettres, n. 257. jusq. 275.
Histoire, n. 383. jusq. 408.

Lu & approuvé ce présent Catalogue, le 15
Mai 1764. Le CLERC, *Adjoint.*